| 光明社科文库 |

航空体育课程设计

李金华◎著

光明日报出版社

图书在版编目（CIP）数据

航空体育课程设计 / 李金华著. -- 北京：光明日报出版社，2019.2

ISBN 978 - 7 - 5194 - 4885 - 1

Ⅰ.①航… Ⅱ.①李… Ⅲ.①航空运动—体育—课程设计—高等学校 Ⅳ.①G875

中国版本图书馆 CIP 数据核字（2019）第 022508 号

航空体育课程设计

HANGKONG TIYU KECHENG SHEJI

著　者：李金华			
责任编辑：郭思齐		责任校对：赵鸣鸣	
封面设计：中联学林		责任印制：曹　净	

出版发行　光明日报出版社

地　　址：北京市西城区永安路 106 号，100050

电　　话：010 - 67078251（咨询），63131930（邮购）

传　　真：010 - 67078227，67078255

网　　址：http：//book. gmw. cn

E - mail：caomeina@ gmw. cn

法律顾问：北京德恒律师事务所龚柳方律师

印　　刷：三河市华东印刷有限公司

装　　订：三河市华东印刷有限公司

本书如有破损、缺页、装订错误，请与本社联系调换，电话：010 - 67019571

开　　本：170mm × 240mm			
字　　数：221 千字		印　　张：15.5	
版　　次：2019 年 4 月第 1 版		印　　次：2019 年 4 月第 1 次印刷	
书　　号：ISBN 978 - 7 - 5194 - 4885 - 1			

定　　价：78.00 元

前　言

进入 21 世纪，我国民航业得到了跨越式的发展，然而，在这个大背景的背后，飞行驾驶员培养问题仍成为影响民航运输业最重要的瓶颈。据相关资料表明和对民航运输业市场调查结果显示，当前作为民航运输业"黄金资源"的飞行驾驶员的培养已远远滞后于高速发展的民航业，民航飞行员供不应求的现象仍十分突出。民航飞行员的培养是一个系统工程，需要飞行驾驶者必须系统掌握飞行驾驶的各种知识和技能，从另一个层面讲，飞行驾驶技能更为重要。然而要想获得和掌握优质的飞行驾驶技术和技能，飞行驾驶员的身体至关重要。飞行实践表明，在影响飞行安全的诸多因素中，飞行员的身体安全是第一位的。早在 2016 年 5 月 25 日，民航局发布了《关于进一步深化民航改革工作的意见》，就"十三五"期间民航业的改革提出了"以人为本、安全第一"的思路和目标，国家民航局前局长李家祥指出："在安全保障链条中，人是起决定作用的核心因素"。因此，民航驾驶员的身体健康和体质、体能是确保飞行安全和延长飞行寿命基石和保障。作为民航飞行员重要输出基地的高校而言，面临的首要任务就是能够培养出身体合格、身心智和谐发展的优质飞行员。要实现和完成这一目标，航空体育课程无疑起着最为重要的作用。通过对目前招收和培养民航飞行员的 11 所高校的调研，对比反思近年来高校航空体育课程建设和运行实施情况表明，目前高校航空体育课程的开设普遍存在随意性，还没有真正从理论和实践层面上形成科学系统的课程体系和课程优化设计，导致课程决策目标不够明确、运行管理杂乱无序、课程内容设置缺乏科学性，教学模式单一等诸多问题。因此，站在服务于民航事业发展和民航飞行安全的视角，强化航空体育课程设计，构建民航飞行大学生身心智和谐发展航空体育课程体系，对提高民航飞行大学生身体素质、飞行体能及身心智和谐发展有着重要的现实意义。正是基于对民航飞行员培养中出现的航空体育课程设计不合理、不规范、不科学等诸多因素，特撰写《航空体育课程设计》一书。该书共分为九章，从航空体育课程设计的历史沿革到航空体育课程设计的必要性和可行性、航空体育课程设计的要点和关键点、航空体育课程设计方案、航空体育课程设计标准、航空体育课程设计质量保障、航空体育课程大纲设计及作者本人对航空体育课程设计的最新研究成果，题材新颖，内容丰富，信息量大，期望能为航空专业院校和招收民航飞行员的普通高校航空体育课程的设计和实施做出有益的贡献。

作者

2018 年 8 月

目 录
CONTENTS

第一章

航空体育课程概念界定

第一节　航空体育课程概念界定及内涵释义

航空体育课程是我国高校面向民航飞行技术专业大学生开设的一门必修课程，其主要目的和任务是发展飞行大学生在飞行过程中特有的专项素质和技能。它区别于普通大学生的大学体育课程，不仅内容涉及广泛，还要根据行业要求设置专项课程。航空体育课程源于航空体育，而航空体育又有广义和狭义上归属。广义的航空体育早期又叫体育航空，它是指人们利用航空器或其他航空专业器械在空中或者地面上进行的系列有益于身心健康和具有观赏性、娱乐性的体育活动。而狭义的航空体育则隶属于教育的范畴，是以高智能信息技术于一体的飞机对飞行员飞行体能的高要求为基础，以促进飞行员飞行驾驶技能的形成，提高飞行质量，确保飞行安全，延长飞行寿命为主要目的，对飞行大学生实施以身体教育、训练（包括航空体育专项器材训练）为主要内容的一系列提高身体机能、身体素质和航空飞行特殊体能等的教育活动。因此，从航空体育教育属性视角立论，把航空体育课程定义为：以各种身体练习为主要手段，通过系统、科学、合理的体育教育、教学、训练、锻炼过程（包括航空体能专项训练），以提高飞行大学生的各种身体素质和体能，促进飞行技能形成为主要目标的一系列教育活动，它是学校课程体系的重要组成部分，是寓促进飞行大学生身心和谐发展、运动技能与体能、飞行体能与运动习惯养成、运动营养与体质健康、飞行安全与飞行寿命、团队协作与意志品质教育等于一体的教育过程。它与普通体育课程的最大区别在于教学、训练、锻炼内容的设置与未来职业对身体体能的要求更加密切，除发展一般身体素质外，更加注重通过滚轮、旋梯、浪木等航空专项器械训练来发展职业要求的飞行耐力、高空耐力、前庭耐力、平衡协调等能力。

　　航空体育课程是设立在民航专业院校（北京航空航天大学、南京航空航天大学、中国民航大学、中国民用航空飞行学院、沈阳航空航天大学、南昌航空航天大学等）或者是普通高校设立有民航类专业的院校（滨州学院、上海工程技术大学等）。航空体育课程主要是面向民航飞行技术专业大学生（简称飞行大学生）开设的一门必修课程。该课程既有行业属性，也具有教育属性，是集生理、心理、体能、素质、专项体能、休闲、保健、康复、安全等多元素组成的一门综合课程，这门课程的重要性就在于能否确保飞行大学生通过学习这门课程，达到近期与远期目标。近期目标——以良好的身体和精力作保障完成四年的学业，且每年通过民航局的身体检查和体能测试；远期目标——养成运动的习惯，确保从业后保持持久良好的身体状态，确保飞行安全，延长飞行寿命。因此，航空体育课程对于民航飞行大学生而言十分重要。根据高校飞行大学生在校学习航空体育课程的特点和飞行驾驶所必备的飞行体能，结合多年的实践经验，将航空体育课程进行优化设计，精选课程内容将有助于航空体育课程的管理、运行实施及学生的需求。

第二节　航空体育课程教育的概念及内涵

　　随着社会的进步和人类文明程度的提高，体育早已成为现代人生活中的重要组成部分，而对于能够接受到体育教育的人来讲，其意义和作用更是不言而喻，它在传授运动技能的同时也在传播体育文化，现代人不仅可以从中掌握体育与健康的知识，而且可以完善素质教育的内容，使人们牢固树立"健康第一"的理念，使其终身受益。航空体育课程由于其独特的教育性也同样属于体育教育的范畴，航空体育课程教育不仅可对从事航空事业人员进行更深层次的教育，而且对促进航空从业人员身心智和谐发展中进一步得到进步和升华。民航飞行实践表明，一名优秀的民航飞行员，他首先必须是一个健康的人，另外，飞行职业所需要的飞行体能、飞行心理、飞行智力也必须具备，且达到三者的高度融合。而这些特殊素质的获得正是通过航空体育课程教育来实现的，因此，航空体育课程的有效实施与运行对我国培养优秀飞行员起着至关重要的作用。

随着民航飞行器智能化的不断提升，在高端技术条件下，民航飞行员必须具备良好的飞行体能——强壮的体力（力量、耐力、速度能力）、飞行耐力（抗飞行疲劳能力）、前庭耐力（抗晕机能力）、高空耐力（抗缺氧和低气压能力）、灵敏与协调和反应迅速的能力、时差适应力（抗生物节奏紊乱、适应夜航能力）、良好的空间知觉能力、注意力分配广与转移快的能力，以及情绪稳定性、果断勇敢、意志坚韧，思维的敏捷性及有效性，良好的记忆力等能力。这些飞行体能素质的提升，都必须通过航空体育课程来实现。

20世纪50年代，由于整个航空技术欠发达、高新技术含量较低、信息化程度不高，因此，飞行员的体力就成为了飞行体能素质的关键因素。进入21世纪，高新技术被广泛应用到飞行领域中。随着飞行器设备的高新技术密集，飞行时间越来越长，飞行强度越来越大，对飞行人员飞行技能的要求不断提高，由此，体能、智能、心能、技能的相互渗透和融合就成为优秀飞行员的基本要求。国内外飞行实践证明，飞行员的飞行已发展成为"脑力—体力—心力"的综合活动。因此，构成飞行员飞行体能素质的关键要素也发生了质的变化，航空体育课程也已发展成为一门覆盖体育学、生理学、心理学、航空医学、保健康复、航空环境生理学、时间空间生物学等交叉性极强的综合性课程。

因此，在高度信息化和高技术的航空飞行领域，现代航空体育教育不同于一般及竞技体育领域所指的体育教育概念，而是被赋予了特殊的内涵。现代航空体育的基本内涵就是为提高飞行员必须具备的航空体能素质和飞行技能而对飞行员开展的体育教育活动。可以说，现代航空体育教育是指以高信息化、高技术在飞行技能中的含量大大增多的情况下以飞行员航空体能要求为牵引，以促进飞行技能的形成、提高飞行质量、确保飞行安全、延长飞行寿命为主要目的的体育教育。因此，对飞行员航空体育的概念和内涵的正确认识及不断强化体能训练和体育教育的意识与工作，对进一步提高飞行质量，保证飞行安全具有重要的战略性意义。

第三节　航空体育与飞行人员的职业关系及作用

民航飞行员是一种特殊的职业，由于职业的特殊性及其本身具有的特点，决定了民航飞行员的工作环境在天空而不是地面，因此，对民航飞行员的身体储备提出了很高的要求，只有具备良好的飞行体能，才能胜任和良好地完成飞行任务。因此，要求飞行员不仅能够准确的判断和处理高速飞行中所出现的各种变化多端的复杂情况（天气、气流等），同时还要抵抗因飞行中连续颠簸、摇晃、噪音等因素引起的"晕机"症状。除此之外，飞行员还必须具备对抗长时间飞行疲劳的能力。因此，在身体素质、体能的要求上，对从事民航飞行工作的飞行员的要求与从事其他行业的人员有很大差异，即必须具备特殊的飞行素质。从总体上看，从事民航飞行员必须具备以下方面的身体素质：适宜的前庭耐力，灵敏、协调、反应迅速的能力，长时间飞行耐力及对航空环境变化的适应能力。以上这些能力的获得对于民航飞行员来讲至关重要，它对飞行员能否熟练驾驭飞机并保证飞行安全有着直接的关系。而航空飞行体能必须通过系统的训练和锻炼才能有效地获得。因此，对飞行人才实施航空体育训练和锻炼对于飞行职业者都具有十分重要的意义。

民航大学生是民航未来的黄金资源，在高校对学生进行航空体育课程的教学与训练的过程中，通过精选课程内容，进行优化设计，使学生不断提升身体素质和体能，特别是对于飞行体能的有效锻炼将会使学生终生受益，因此，航空体育课程设计对飞行大学生身体发展尤为重要。

第二章

航空体育课程建设的历史沿革及现状分析

第一节　航空体育课程设计的历史沿革

我国民航飞行员的培养可追溯到 20 世纪 50 年代（新中国成立初期），由于当时国情所致，民航飞行员大多来源于空军（空军退役），最早培养民航飞行员的学校为现中国民用航空飞行学院（前身为 1956 年 5 月成立的中国民用航空局航空学校；1956 年 9 月学校更名为中国人民解放军第十四航空学校。）和中国民航大学（前身为 1951 年 9 月 25 日成立的中央人民政府人民革命军事委员会民用航空局第二民用航空学校。）因此这两所学校也是开设航空体育课程最早的学校。因此，航空体育课程的设置和设计完全照搬了空军飞行员的训练内容和培养模式。从 20 世纪 50 年代至 80 年代，民航飞行员航空体育课程基本上还是沿用了空军飞行员的培养模式，从内容设置、课程设计及教学、训练模式基本没有大的改变和突破。20 世纪 80 年代初，随着我国民航业的发展，民航管理部门开始重视飞行人员身心素质的锻炼与健康监测，先后颁发了《飞行人员身体锻炼办法》和《飞行人员体育锻炼标准》，但主要内容仍参照了《空军飞行员的健康条例》，此间，对民航飞行大学生航空体育课程设置、设计与体系构建研究尚未开展。20 世纪 90 年代中期，以中国民用航空飞行学院为龙头开始涉猎飞行大学生航空体育课程的设置和设计问题，但由于受多重因素的影响，研究仍处于萌芽状态，特别是由于设置飞行技术专业的高校相对较少，对航空体育课程的研究缺乏深入性、广泛性和规范性。

第二节 航空体育课程设计的现状分析

21 世纪初期，我国迎来了民航业的快速发展（民航业被称为朝阳产业），民航飞行员的需求量和缺口不断扩大，招收民航飞行大学生的高校日趋增多，学生数量也不断增加，各高校围绕如何培养出更多、更好、身体体能完全符合民航运输高强度飞行的优质飞行员展开研究，此阶段有关飞行大学生航空体育课程建设研究进入高峰期，研究成果不断涌现。主要代表作有：成都体育学院学报 2007 年第 1 期刊登了《构建我国民航飞行大学生航空体育教学体系的探讨》；山东体育学院学报 2009 年第 3 期刊登了《民航大学生飞行员航空体育课程优化设置探讨》；体育文化导刊 2011 年第 1 期刊登了《我国民航院校体育课程设置研究》。截至 2015 年 12 月见于各类体育刊物刊登的飞行大学生航空体育课程研究的论文有 50 余篇，博士硕士研究论文 20 余篇。纵观这些研究论文主要涉及两个层面：一是航空体育课程设置研究；二是航空体育教学模式改革研究。研读与剖析这些研究成果的核心，大多还主要从生物学的观点出发，课程设置仍以发展学生身体为主线，心、智层面基本没有涉足，且研究仅局限于理论层面，实践操作层面没有实质性的进展。通过对北京航空航天大学、南京航空航天大学、中国民航大学、中国民用航空飞行学院等多所民航专业院校现行航空体育教学大纲进行分析，突出问题主要体现在：一是课程设置模式单一；二是课程设置内容相对陈旧；三是教学训练方法、手段缺乏创新；四是监督评价考核体系不完善。课程设置既缺乏理论依据，又缺乏科学性，更缺少诊断和评价数据支撑课程设置的合理性和实用性，甚至有些项目的设置照搬传统、凭经验，带有一定的盲目性和随意性，基本没有课程设计。对课程体系如何进行管理运行、监控评价、支持保障均无涉足，没有从质量保障和绩效管理的视角形成一套完整、系统的课程体系，缺乏大视野、大观念、大开放的理念。据悉，目前全国民航院校仍没有统一的航空体育教学大纲和教材（教材均为自编教材），高校之间也没有进行有效的学术研讨、交流与沟通，各自为战，单打独斗，处于封闭状态，这是不足取的，应该引起教育部门和民航主管部门的高度重视。

第三章

航空体育课程设计的必要性与可行性

第一节　航空体育课程设计的必要性

当今，随着我国经济社会的快速发展，民航业进入大发展、大繁荣的快车道。随着我国自主研制的 C919 大型客机首架机下线和 ARJ21 新支线飞机的交付使用，波音公司在北京发布了 2015 年中国市场展望报告，预测未来20 年中国将需要 6330 架新飞机，总价值约为 9500 亿美元，与此同时，中国民航机队规模将扩大到现在的三倍，中国将在 2030 年超越美国成为全球最大的民航运输市场[2]。为此，波音和亚太航空协会也预测，中国未来 20 年需要 10 万名民航飞行员[3]。而我国目前招收飞行技术本科专业的高校仅有 8所，每年的招生量总计 2000 人左右，加上航空公司自招的大改驾飞行学员1500 人左右（大学本科在校生或毕业生改飞行驾驶 3＋2、4＋1），每年的总量在 3500—4000 人。因此，民航飞行员的培养已成为影响我国民航运输业快速发展的重要瓶颈。

民航飞行员被称为民航事业建设和发展的"黄金资源"，是民航人力资源的核心。民航飞行员与其他职业相比，群体规模虽然较小，但责任却非常重大，每个航班几百名旅客的生命安全和国家几亿资产的飞机均握在飞行员的手中，从这个视角分析，民航飞行员又是一项高风险、高强度、高责任、高技艺的工作。据国际民航局的调查发现，随着民航飞行器智能化的提高，民航飞行事故中80%是人为因素，20%是机械故障或其他因素。所以，民航飞行员的培养质量就成为当下民航高校和航空公司的焦点问题，此外，研究者围绕着飞行员的飞行安全和飞行寿命展开研究。国内外诸多民航专家强调指出，民航飞行员不仅要具有良好的身体形态、机能、素质，还必须具有良好的心理素质和智力素质。从这个层面上讲，身心智和谐发展才能造就一名优秀飞行员。就培养民航飞行员的高校而言，航空体育课程构建基础必须是既要符合国家教育部颁布的高等学校普通大学生体育教学大纲，又要符合飞行员职业所需的航空飞行体能，且必须确保学生在校四年年度体检中完全达到飞行员的合格标准；就民航飞行大学生个体而言，大学既是他们接受航空体育教育的开始，又是最后阶段，此阶段能否使飞行大学生接受良好的航空体育教育，身心智得到有效强化，并影响和渗透到未来职业中至关重要。从认识事物的角度出发，飞行大学生对航空体育的理解大致要经历从未知—认识—感知—提升—认可的变换过程；从实践体验的角度分析大致经历从恐惧（航空体育专项器械训练）—体验—兴趣—自觉—获益—终生的动态过程；就航空公司而言，最理想的结果是民航高校输送的飞行大学生完全达到民航飞行员的身体标准，且具有良好的运动习惯并贯穿于职业生涯的全过程，以延长飞行寿命。据相关数据分析，目前民航飞行大学生总体淘汰率为10%左右，其中因身体原因淘汰占8%，如果学生在飞行阶段培训中因身体原因被淘汰，航空公司就会损失几十万或上百万。另据相关资料显示，东航、南航、深航、国航等多家公司对现役民航飞行员身体机能进行年度监测，结果表明，现役民航飞行员中30—40岁、40—50岁这两个年龄段中，患高血压、高血脂症、脂肪肝的比例越来越高，且有逐年发展的趋势。按照中国民航局要求和飞行员体检标准，如出现上述病症，必须停飞，直至身体完全恢复才能上机[6]。分析其原因，一是因为飞行员飞行压力大、饮食热量高；二是缺乏良好的运动习惯，导致身体过胖。近年来，国内航空公司也连续出现民航飞行员猝死的案例。因此，飞行大学生在校学习期间掌握2—3项体育项目作为终身锻炼的运动项目，养成良好的运动习惯尤为重要。

飞行大学生整体身体素质的提升取决于学校设置哪些航空体育项目和内容，并进行优化组合，供学生学习和选择的内容是否进行精心设计，对提高飞行大学生身体体能和航空飞行体能十分重要，这就要求学校必须给学生提供体育课程"超市"，使学生在这个"超市"中自由翱翔，汲取营养。

第二节　航空体育课程设计的可行性

当下，国内外飞机失事事故频繁，引起各国及民众对航空运输业安全问题的担忧和恐慌，这是一个全球性的问题。据民航权威专家分析，在飞机失事众多因素中，飞行员是一个最重要因素（体能、心能、智能），因为飞行员不是超人，他的心理压力和精神状态对于个体和团队来讲，是机械和他人无法控制的。因此说，飞行员的情绪和心理变化对飞行有直接的影响，微妙的心理变化和情绪的波动，都会直接导致出现很严重的后果。诸多生理学、心理学、体育学专家研究成果表明，人的精神状态和心理素质是完全可以通过长期体育锻炼得到有效地缓解、控制、改善和提高。而大量运动实践表明，运动恰恰也是缓解心理压力、改善精神状态的最有效的手段，这就为民航高校提出了一个很严峻的研究课题——航空体育课程如何设计才能发挥在民航飞行员培养的最大效益、潜能和优势。因此，站在航空大安全观的视角，围绕飞行员适航体能所需求的身心智综合素质要求，构建全面、完整、系统的，管理、运行、支持、保障、监督、诊断、评价、反馈、修正的新型航空体育课程体系，形成规范的管理和运行流程，确保航空体育课程运行的高质量，最大限度改善飞行员飞行体能，达到课程效能最大化和最佳化，是培养优质民航飞行员的重要保障。

第四章

航空体育课程设计方案的优化

第一节　航空体育课程设计的理念

航空体育课程设计理念是指设计者在航空体育课程构思过程中所确立的主导思想，它赋予航空体育课程文化内涵和课程结构特点。好的设计理念至关重要，它不仅是设计的精髓所在，而且能令课程设计具有个性化、专业化和与众不同的效果。从现代体育教育观念和航空体育的运行管理视角分析，航空体育课程设计理念应着重体现在以下几个方面。

一、坚持"健康第一"的指导思想，促进飞行大学生身心健康成长

航空体育课程设计的出发点和落脚点要紧紧围绕民航业对飞行人才的身体要求，紧扣促进飞行大学生身体、心理和社会适应能力（体能、心能、智能）整体健康水平的提高为目标，构建体能、技能、认知、情感、行为等环节、领域并行推进提升的课程结构，融合大众体育、竞技体育、航空专项体育、生理、心理、保健康复、环境、社会、安全、营养等诸多学科领域的有关知识，结合民航运输业对飞行人才的高标准要求，真正关注学生的健康意识、运动锻炼习惯的养成和安全意识，将增进飞行学生健康，发展航空飞行专项体能贯穿于航空体育课程实施的全过程，全面贯彻落实"健康第一"的

指导思想，确保"健康第一"理念落到实处，使飞行大学生完全达到民航运输业对飞行学生身体健康要求。

二、结合民航业行业要求，激发飞行大学生运动兴趣，培养飞行大学生终身体育的意识

对于飞行大学生来讲，航空体育课程是终身体育的基础，运动兴趣和习惯养成是促进学生自主学习和终身坚持锻炼的前提。因此，无论是教学内容的选择还是教学方法的更新，都应十分关注飞行大学生的运动兴趣，只有激发和保持学生的运动兴趣，才能使飞行大学生能够自觉、积极地进行体育锻炼并形成习惯，养成终生体育意识。飞行实践表明，飞行对飞行员身体的要求极高的，因此，飞行大学生的身体锻炼将伴随着职业生涯，每年的年度体检将是衡量民航飞行员继续飞行的门槛。因此，在航空体育课程设计中，必须结合学生飞行生涯的需求，激发学生的运动兴趣。通过运动兴趣来实现航空体育课程目标和价值的有效保证。

三、以飞行大学生身心智综合发展为中心，高度重视学生的主体地位

按照飞行大学生未来从职要求看，航空体育课程关注的核心是最大限度的满足飞行大学生的身体需要和重视学生的情感体验，促进全面发展的民航优质飞行人才。因此，从航空体育课程设计到评价的各个环节、每个细节要始终体现"以学生为中心、全面的发展的中心地位"。在注重发挥航空体育教学训练活动中教师主导作用的同时，特别强调飞行大学生学习主体地位的体现，以充分发挥飞行大学生的学习积极性和学习潜能，提高学生的航空体育（普通体育、航空专项体育）学习能力。从某种意义上讲，就民航飞行大学生而言，身体健康绝对是第一位的，没有良好的身体作保障，就很难完成飞行任务。

四、特别关注飞行学生个体差异、不同需求与全面发展

因材设计，因材施教，是飞行大学生接受航空体育公平教育的保障，通

过学生的个体差异和不同需求，精选内容，优化设计，使每一个飞行学生通过航空体育课设计与实施从中收益，获得极大的快乐和满足感。航空体育课程设计要充分考虑和注意到飞行学生在身体基础条件、体育兴趣爱好、运动技能、抗眩晕能力等诸多方面的个体差异，根据这些差异性确定学习目标和评价方法，并提出相应的教学设计和建议，从而保证每一个飞行学生都能完成航空体育课程学习目标，使每个飞行学生都能体验到体育学习和获取成功的乐趣，以充分满足飞行学生自我发展的需要。

第二节 航空体育课程目标设计的基本原则

从航空体育课程的教育属性分析，航空体育课程目标的来源涉及学习者、社会、学科、职业及生态等诸多方面的因素，受这些因素的制约，航空体育课程目标设计必须包含飞行学生的认知、情感和运动动作技能形成等领域，而几者之间的关系也比较复杂。由此可见，航空体育课程目标设计与教学目标是一项融多种因素制约且技术性非常强的工作。为确保航空体育课程目标与教学目标有效发挥，必须重点考虑和协调处理以下几个原则。

一、航空体育课程目标设计安全性原则

对于飞行大学生而言，安全性是重中之重（身体安全、机械安全、乘客安全），无论是从学期间，还是从业期间，必须把安全放在首位。安全问题要警钟长鸣，因为民航飞行员的培养是一个系统工程，任何环节放松了安全要求，都会给国家、社会、公司、学校、家庭、学生个人带来极大的损失。因此，航空体育课程目标设计必须从安全入手，紧抓安全关口不放松，确保飞行大学生的航空体育学习安全、日常训练、锻炼安全、日常生活安全。

二、航空体育课程目标设计全面性原则

就飞行大学生而言，既要完成大学体育课程的学习，又要结合飞行体能

需求完成航空体育课程的学习。从大学体育课程目标设计的全面性原则透视，航空体育课程设计目标的全面性原则应包含两层含义：一是航空体育课程目标必须要面向全体飞行大学生，要以航空体育课程标准为依据，善于创设模拟真实、生动、直观且富于创新性、启迪性的学习情景，把激发和保持飞行大学生的学习动机和兴趣放在中心位置。在面向全体飞行大学生的同时，还要高度关注到学生个体需求与个体差异，确保公平性。切忌不切实际地盲目提高目标要求，也不能过于简单或随意降低标准，应该让全体学生通过努力能够达到制定的目标。二是航空体育课程目标不能仅考虑运动知识能力、专项航空体育知识能力达到的程度，还要渗透德育、团队职业的教育和非智力因素的培养。航空体育课程目标涉及知识与技能、过程与方法、情感态度与价值观三个维度，三个维度是一个有机的整体，不能有所偏废，不能把完成认知性目标作为唯一目标，还要在认知的过程中，促进学生的情感体验，使飞行大学生感受过程，掌握方法，在知识、能力、素质、品德、心理等各方面得到全面协调的发展。

三、航空体育课程目标设计系统性原则

航空体育课程目标是一个由多个子系统构成的完整的系统，因此，在课程目标设计时必须依据系统论的理论，从系统论的角度出发整体上进行纵与横的把握与掌控。第一，首先应从纵向上把握各个点及其联系，即从"航空体育课程总目标—学段目标—单元教学目标—课堂教学目标"线索进行衔接分析。这四个层次是从一般到特殊地逐级具体化，形成一个多层级的目标体系。第二，应从横向上各个点照应各个要素。由于智力因素和非智力因素是相互促进相互制约的，它们共同影响着学生的发展。因此，在确定航空体育课程目标内容范围时，不能只注重知识领域（理论知识、运动技能、航空专项技能）的目标，而忽视其他领域的目标，应把它们摆在一个同等的地位，而不厚此薄彼，出现偏差，且逐渐形成一个合理的系统。

四、航空体育课程目标设计具体性原则

具体性原则是指目标的指向性范畴，因此，要求航空体育课程设计目标时，应力求具体、明确、明了，既符合飞行大学生的实际需求，同时还应具有可操作性、可检验性和实操性。如果目标设计不具体、不清晰，就会导致教师和学生都难以理解和把握。因此，作为课程目标的设计者——体育教师，应依据航空体育课程标准的要求，深入分析和处理航空体育课程教材内容，明晰飞行大学生的认知结构，把握其知识、技能、素质、能力水平，熟悉其生活阅历、兴趣、习惯及行业要求等诸方面，尽量使课程目标的内容序列化，使课程与教学目标细致化、具体化，做到明确具体，能够观察、测量和操作。

五、航空体育课程目标设计层次性原则

航空体育课程的实施是一种循序渐进的活动，不可能期望飞行大学生在较短时间内或者几节课就能达成教育的最终目标。因此，在航空体育设计课程目标时，要全面考虑其层次性。一是要与飞行大学生接受航空体育教育的层次相适应；二是要准确把握航空体育课程目标、学段目标、学期目标、单元目标、课时目标之间的层次；三是要注意每节课内的目标层次性，一般是从航空体育知识的记忆目标到理解与运用目标，再到情感体验目标；四是不同的学生在达成的同一目标时也有层次差异。因此，要明确在这里所指的"层次化"，不仅仅指整个课程目标系统的层次化，更重要是指在设计某一个特定目标时更要反映和表达出飞行学生学习结果的层次。

六、航空体育课程目标设计灵活性原则

由于课程性质的影响，航空体育课程活动实际上是一个动态的过程，加之飞行大学生之间的学习基础与能力存在一定的差异，因此必须考虑到飞行大学生间的个体差异，灵活地设计出富有一定弹性（分层次）的课程与教学

目标。这里的弹性表现在两个方面：一是对不同的飞行大学生应该有不同的要求，包括最高要求、基本要求、符合或超出所提出的要求；二是对课程实施的预期的目标要留有一定的空间，虽然这些目标是教师在课堂教学之前预设的，但教师在实际的课程活动中，不能拘泥于既定的目标，应根据课堂教学现实具体的情境，随机应变地对预设的目标进行适当的调整和改进，以便更好地切合课程与教学实际。

七、航空体育课程目标设计专项性原则

这里所指的专项性原则是根据民航飞行大学生未来从业特点设置与航空飞行相关的学生必须从事的飞行体能专项训练，并从中获得专项的技能，以确保从业后能够有良好的专项飞行体能基础，确保飞行安全。航空体育专项内容主要包括滚轮（固滚、活滚）、旋梯、荡木、地转、抗眩晕舱等多个项目。在安排这些内容时，要充分考虑到与其他项目的合理搭配，确保在身体体能最佳的状态下安排学生练习航空体育专项练习，确保操作安全，同时要注意学生身体素质的全面发展，做到一般与专项，单一与全面协调发展。

第三节　航空体育课程设计的基本思路

思路决定出路，航空体育课程设计的基本思路也就是一个学校航空体育课程如何设计和实施。有了思路，就有了方向，有了目标，随之而来就有了方案。

一、淡化竞技，树立"健康第一"的指导思想

航空体育课程是一门特殊的课程，是针对民航飞行技术专业学生专门开设的一门综合性＋专项性的体育课程，由于民航业对民航飞行员身体有特殊的要求，因此，健康是第一要务，也是第一主题。围绕健康主题，航空体育

课程的设计与构建必须涉及操作、认知、情感和行为等领域，融合多学科领域的相关知识。航空体育课程是一门以身体锻炼为主要手段，以增进学生的整体健康（身体、心理、智力）为主要目标的课程。民航健康新概念：1. 健康三维观——身体健康、心理健康、良好的社会适应能力；2. 健康五要素说——身体健康、情绪（心理）健康、精神健康、智力健康、社交健康，各要素之间是相互联系、相互影响的。

二、重视航空体育课程的功能开发，增强航空体育课程的综合性

重视航空体育课程的功能开发，增强航空体育课程的综合性。航空体育必须围绕民航运输业对飞行员的身体要求，按照其功能来确定学习领域。总结归纳主要包含五个领域：即运动参与、运动技能、身体健康、心理健康、社会适应，这五个学习领域是有机联系的整体，与人的健康五要素密切相连。

三、培养飞行学生的运动兴趣，养成运动的习惯，树立终身体育的观念

培养飞行学生的运动兴趣，养成运动锻炼的习惯，树立终身体育、终身锻炼、终身养成的观念，并辐射到未来职业的全过程中，确保在职身体符合行业标准。

四、培养飞行学生的意志品质，提高飞行学生的社会适应能力

培养飞行学生的意志品质，提高飞行学生的社会适应能力，培养飞行学生的合作精神、团队意识和竞争意识。

五、以学生为本，重视学生在课堂上的主体地位

以人为本，以生为本，重视学生的主体地位，主要表现在要尊重学生的实际需要和重视学生的情感体验，这对飞行大学生的学习非常重要。

六、关注飞行学生的个体差异与不同需求，确保每一个学生受益

关注飞行学生个体差异与不同需求，确保每一个学生受益，不使每一个学生掉队，确保每个学生都能体验到运动学习快乐和成功的乐趣，并从中受益。

七、重视航空体育课程资源的开发

航空体育课程设计要高度重视课程资源的开发，原有的航空体育课程内容偏重于竞技化运动项目，努力开发素质拓展、体适能、团队拓展、趣味体育、智力定向越野等各种体育课程资源。

八、改革航空体育课程监督检查和评价方法

综合评价飞行学生的航空体育课程学习情况，改革航空体育课程考试和评价方法，采取社会、公司、家长、学校、学生、教师六位一体的综合评价学生的体育学习。

第五章

航空体育课程设计的要点和关注点

第一节　航空体育课程设计的基本要点

一、根据飞行大学生综合素质全面发展的需求，确定航空体育课程目标体系和课程内容

依据国家民航总局对民航业飞行员的身体评价及体检要求，根据多维健康观和体育学科的特点，借鉴国内外体育课程发展的经验和普通体育与健康课程的基本规范，航空体育课程设置了课程目标体系及运动参与、运动技能、身体健康、心理健康与社会适应五个方面的课程内容。

二、根据飞行学生的身体素质基础分层次设计教学

飞行学生虽经过民航局总医院的身体检查，学生身体完全是健康的，但这些学生的来源非常广泛，其中不乏从小练习体育的体育生，因此导致在体育基础、身体素质、身体机能等方面存在很大差异，因此，在航空体育课程教学中要采取区别对待、分层教学的原则，在教学内容设计上也需要进行个别调整，不能"一刀切"，在此基础上，围绕运动参与、运动技能、身体健康、心理健康与社会适应五个方面分别设置了相应的学习目标。

三、根据可评价的原则设置可操作和可观测的学习目标

为了确保学习目标的达成和学习评价的可操作性，航空体育课程提出了具体的、可观测的学习目标。特别注意将运动参与、心理健康与社会适应三个方面的学习目标设置成易观测的行为表征，帮助教师更准确地对飞行学生进行观察、指导和评价，促使飞行学生形成良好的体育态度、心理品质和社会行为。

四、根据三维课程管理的需求保证课程内容的可选择性

航空体育课程在确立课程目标体系和课程内容的基础上，必须三维课程构建提出具体教学内容选择原则。

五、根据航空体育课程学习目标和发展性要求建立多元的学习评价体系

建立考核小组，形成集体评价的方式，广泛吸收社会、公司、学生家长、学校、教师、学生参与评价。在此基础上，重点引导学生进行自我评价和相互评价，重视形成性评价与终结性评价相结合，提高飞行学生体育学习和锻炼的主动性、积极性及自我评价能力。

六、根据民航业要求设置航空体育课程

民航运输业对飞行员的身体评价有特殊的要求和评价指标，且完成飞行任务需要飞行人员多种素质和能力的支撑，因此，航空体育课程设计必须广泛容纳行业需求和航空专项体育项目，以确保飞行能力的培养力度。

第二节　航空体育课程设计的关注点

随着飞行器智能化的不断提升，对民航飞行人员的素质要求发生了很大

变化，因此，航空体育课程设计的要点也随之发生不同程度的变化。在新的航空体育课程教学改革的条件下，进行既符合新航空体育课程课改精神，又符合体育教学实际和学生身心发展需要的新型体育教学设计，必须紧扣以下10个基本要点：

要点1：选择航空体育教学内容要紧扣体育的根本目的和基本性质

航空体育课程教学设计首先是如何科学选择教学的内容，即我们通常所说的开发课程内容资源。航空体育任课教师在选择课程内容是首先必须时刻牢记：航空体育课程与教学的根本目的是发展飞行学生的身体和学习实用的运动动作和技术，航空体育教学的基本性质是身体参与性和活动性。因此，在课程设计选择教学内容时要牢牢把握这个原则有针对性的选择，选择体育教学内容可按照下面的原则和程序来进行（见表5-1）。

表5-1 依据选编航空体育教学内容的原则判断教材选择的范例

教学内容	目标性	科学性	可行性	趣味性	职业度	辐射性	社会性	选择结果
射箭	不符合							不选
滑雪	符合	不符合						不选
滑冰	符合	符合	不符合					不选
铅球	符合	符合	符合	不符合				不选
足球	符合	符合	符合	符合	符合	符合	符合	选择
武术	符合	符合	符合	符合	符合	符合	符合	选择
篮球	符合	符合	符合	符合	符合	符合	符合	选择
定向越野	符合	符合	符合	符合	符合	符合	符合	选择

表 5 - 2　航空体育课程内容资源开发的判断标准与范例

项类	急需开发的内容	需要开发的内容	无需开发的内容	不能开发的内容
标准	有利于实现课程标准提出的课程目标的内容	过去忽略的，没有被重视的，新型的体育运动项目	一般性的游戏，准备和放松活动练习，不切实际的内容，是真的教学情境的教材内容	非体育性（航空体育专项），非运动技术性，非身体机能性的教学练习
内容举例	心理拓展、素质拓展、团队拓展、培养社会能力、身体塑形、运动处方、保健养生、航空安全教育等教材	花样跳绳、网球、羽毛球、定向越野、素质拓展、抗眩晕原地练习、身体塑形等	对飞行学生没有实际意义和锻炼价值的体育游戏、基本身体练习等	

要点 2：以运动技术教学、学习、练习、强身健体为航空体育教学的主要目标和内容

航空体育教学的直接目的主要有两个：一个是锻炼飞行学生的身体；一个是让飞行学生学到、学好有用的运动技术，并伴随一生的锻炼项目。而其他的目标和目的，如运动参与、心理健康和社会适应都是伴随上述两个目标的实现而实现的。因此航空体育教学设计的重点就是运动技术学习和身体锻炼。在航空体育的学习中，飞行学生们最期待的就是运动技能的提高，发展素质、增强体质，从而保证身体完全符合民航总局对飞行人员的身体要求。因为运动技能的提高是飞行学生们体味运动文化的条件，是他们在竞争中挑战自我和他人的基础，是他们展示自我和建立自信的前提，也是他们得以进行充分运动的媒介，更是他们在航空体育运动实践中进行交流和结友的桥梁。从终身体育的视角分析和考虑，航空体育教学最大的期待是每一个飞行学生都能学好和掌握一两项运动技能去积淀他们锻炼身体的意识和爱好，真正体验运动带来的快乐，并作为终身锻炼身体的手段，辐射和渗透的飞行职业和飞行生涯中。

要点 3：航空体育教学方法以传授技术方法和身体锻炼方法为主体

　　新的航空体育课程教学改革必然要求和带来新的体育教学方法，新的航空体育教学方法的出现必须建立在航空体育运动教学训练长期积累和改革实验和创新的基础上。然而，当前的航空体育体育教学方法的探索出现一些令人担忧的倾向，这些不良倾向主要表现在教学方法使用的随意性上，甚至有的是滥用所谓的"现代航空体育教学方法"，也表现在片面地否定过去行之有效的传授式的体育教学方法上。

　　什么是主体性的航空体育教学方法？主要从航空体育教学的主要目标和主要效益来分析。航空体育教学的主要目标应该是"通过体育项目和航空体育专项项目的教学实施，飞行学生获得各种各样的运动技能，并通过学习的过程和掌握，使锻炼身体和学会锻炼身体有机统一"。据此而论，运动技能传授是航空体育教学的最重要目标，运动技术是一切体育教育和教养的"载体"，航空体育教学的主要目标和主要效益都应体现在对运动技术的掌握上，因此，主体性的教学方法就应该是传授运动技术的教学方法。

　　航空体育行的教学方法的运用并不意味完全摒弃传统的教学方法。的确，过去我们在使用"传统体育教学法"的时候，出现过"只会不懂""只教不辅"或"只练不乐"的缺陷和不足，所以我们要进行航空体育体育教学方法的改进和改革。但"传统体育教学法"的主体地位和功能都没有变，从这个层面上讲，"现代体育教学方法"绝不是完全取代"传统体育教学法"，而是对传统的教学方法的补充和融进。因此，航空体育课程教师在运用新教学方法时必须关注以下 4 个要点：第一，明确"现代体育教学方法"是以什么为目的；第二，弄清"现代体育教学方法"是以什么为教学对象的；第三，清晰"现代体育教学方法"是以什么为适用教材的；第四，诠释"现代体育教学方法"的使用频率和限制在哪些环节和细节。航空体育教学实践表明，任何好的教学方法的使用都不是无限制和无度的，也不是完全适应于任何航空体育教材和项目，也就是讲，好的教学方法也不能滥用无度。目前，被广泛采用的现代教学方法主要体现在：探究式教学方法、合作性教学方法、自主性教学方法、网络教学法等。这些方法在具体的教学实践中可灵活运用，可采用课上课下、课内课外、线上线下。

要点4：体育教学必须伴随着一定负荷的体育锻炼

航空体育课中的练习密度和运动负荷是实现体育教学目标的因素，是飞行学生学习运动技术和身体练习所不可缺少的变量，也是体育学科教学的本质性因素和航空体育课的特点所在，因此，航空体育教学必须要有一定量的练习密度和运动负荷，必须完成和达到一定的运动量，才能实现身体素质和体能的不断提升和累积。因此要求从事航空体育教学的每一个教师教学时都必须把运动负荷和练习密度作为完成课程任务的重要指标，要高度重视对航空体育课练习密度和运动负荷的设计，并根据航空体育课的实际情况对运动负荷进行把握和调整，以保证航空体育课的教学的有序进行和学生的身体安全。

航空体育教学要十分重视课上运动负荷和科学地安排运动负荷。然而，在教学实践中却出现了课程教学有时并不重视每节课的运动量和运动密度的偏差做法。在航空体育教学实践中也出现各种非体育性游戏、非体育性比赛项目大量涌进航空体育课堂的现象，这是不足取的，应该引起高度重视。从实际出发，航空体育课程的本质是进行运动技术、技能的学习和进行相应的身体素质锻炼的过程。因此，航空体育课必须有一定的运动负荷和练习的密度。

但就具体而言，航空体育课程有着不同的形态和形式。不同的航空体育课程内容（运动项目）对运动负荷的要求也不尽相同。比如，航空体育课在一个教学单元中的出现有着先后的不同，处在单元前段的新授课和处在单元后段的练习课的运动负荷要求不会一样，不同教学形态的体育课对练习密度和运动负荷的要求也不尽相同，其他还有活动课、展示课、考核课等都对运动负荷有着不同的要求。表 5-3 为不同的体育课对练习密度和运动负荷的不同要求。

表 5-3 不同的体育课对练习密度和运动负荷的不同要求

课 型	运动量和运动负荷的要求
技术新授课	根据技术学习需要考虑练习密度和运动负荷，一般为中等负荷
技术复习、练习课	根据技术学习需要考虑练习密度和运动负荷，一般为中等以上负荷
身体机能训练课	根据锻炼需要考虑练习密度和运动负荷，一般为较大负荷
训练竞赛课	根据训练和竞赛需要考虑练习密度和运动负荷，一般为较大负荷
探究式、发现式学习	根据学习需要和内容考虑练习密度和运动负荷，一般为中小负荷
自主性、合作性学习	根据学习目的和内容考虑练习密度和运动负荷，负荷变数较大
技术、技能展示、总结评价课	根据展示内容考虑练习密度和运动负荷，负荷变数较大
测验、技评、考试课	根据考试的特殊要求决定密度和运动负荷，负荷变数比较大

表 5-3 告诉我们，航空体育课的运动负荷和练习密度也是根据要求、需求、任务、目的、课型而差别较大，因此，不能一概而论。航空体育课中的运动负荷要符合体育学科的基本原则。

体育教师在设计航空体育课负荷时要遵循以下的原则：第一，由于飞行学生身体的特殊要求和重要性，必须确保学生活动安全的原则。第二，有利于运动技术、技能学习的原则。第三，有利于不断对提高飞行学生身体素质的原则。第四，有利于飞行学生体验运动乐趣的原则。

为了科学地安排运动负荷，航空体育教师在具体的教学实践中必须提前做好以下谋划：第一，把握全体学生的身体状况。第二，精细严钻研航空体育教材。第三，深入研究和了解不同项目、不同的情况下的运动负荷的变化。第四，深入掌握巡视法、询问法和观察法等更直接的负荷判断的方法。如果在询问时，大部分学生在回答"累极了""非常累""很累""比较累""有点累""还行""不太累""一点都不累"时，其实此时学生都有着不同的心率，而且这些心率和回答之间有着极其明显的对应关系。

要点5：要通过实现有效的航空体育教学让学生体验运动的乐趣

航空体育教师在课程设计和教学中要科学处理好航空体育运动技能教学和让飞行学生真正体验运动乐趣的关系问题。乐趣是动力，乐趣是起点，乐趣是坚持的基石。对于这个问题，在航空体育课程教学运行实践中争议较大。有的体育教师认为既然要让学生体验运动乐趣，就无需要求学生必须掌握什么运动技能，只要学生玩得痛快，获得愉快和成功的体验就可以了，航空体育教学不就是要培养学生的运动兴趣吗？这种观点可以说是极端不负责任的。

让飞行学生掌握一些有用的运动技能（航空体育专项技能），和让学生体验航空体育运动乐趣，两者并不矛盾，且都是我们教学中应该追求的体育课程教学目标。飞行学生学习运动技能与体验运动乐趣是不矛盾的。因此，我们在教学中要防止将学习运动技能与体验运动乐趣对立起来，更不能简单地理解为"让学生体验运动乐趣就是学生想干什么就干什么"。总之，运动技能教学与学生体验运动乐趣二者不可偏废，切要正确理解、处理、把握二者之间相互支撑，相互促进的关系，更不能把二者对立和割裂开来。

从航空体育课程设计目标上理解，掌握运动技能是体育教学的基本目标，如果教师教不好、学生教不会，航空体育教学就失去了真正的意义和价值，就变成了一种单纯的身体活动，航空体育就失去了应有的地位。因此，在航空体育课程教学中，运动技能不仅要教，而且还要教好，并且让学生学会。让学生最大限度地体验到运动乐趣是航空体育课程教学所要追求的一项重要目标。使每个人通过运动机能的学习和练习，真正体验到体育学习带来的乐趣和幸福感，才能使学生自觉、积极地进行航空体育锻炼，这是实现航空体育与飞行学生体质健康目标和价值的有效保证。也是培养飞行学生终身体育意识、兴趣、习惯的前提。因此，让飞行学生掌握好航空体育运动技能和充分体验运动的乐趣，在目标层面上是一致的，而且也是协调发展的。

从航空体育的内容上讲，掌握航空体育运动技能和体验航空体育运动乐趣有时是统一的，有时又不是统一的。因为，在航空体育教学内容中，有些项目的确有很强的趣味性，这些项目的教学使学生很容易就能体验到运动的乐趣；但是在教学中也会安排一些趣味性不强的内容，这些项目使学生很难体验到运动的乐趣，甚至导致学生在练习中要承受一定的"痛苦"，但是这些项目对发展学生的某项素质非常有效。在航空体育运动技能方面，有的项目技能性非常强，但也有一些技能性不强的教学内容。

如果我们在航空体育课程设计时用"趣味性"和"技能性"划一个象限来表示的话，就可分为"趣味性和技能性都强""趣味性强但技能性不强""技能性强但趣味性不强""趣味性和技能性都不强"的四大类体育教学内容（如图5-1）。

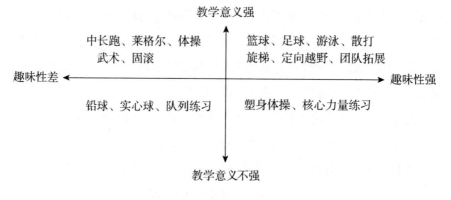

图5-1 四大类教学内容的图示

"趣味性和技能性都强"的内容，掌握运动技能和体验运动乐趣比较容易达到协调，可充分利用；"趣味性强但技能性不强"或"技能性强但趣味性不强"的内容，掌握运动技能和体验运动乐趣相对不宜协调，可突出其某一方面的价值；"趣味性和技能性都不强"的内容，掌握运动技能和体验运动乐趣都有困难，因根据需要谨慎运用。

在教学方法层面上要对不同类型的内容进行不同的教学。上述四类教学内容，都是教学中现实存在的，对于航空体育教学而言，也是非常有用的。重要的是我们要针对上述四类教学内容，采用科学合理且不同的认识和处理方法：

1. 在航空体育教学中，我们应该把"趣味性和技能性都强"的项目内容列为外堂技术课教学的重点，可以将其理解为我们饮食中的主食，即主教材。针对这类教材，我们要结合学科深入研究其教学规律（学理），认真熟悉和备好、教好这些教材，并充分发挥和挖掘这些教材固有的趣味性和技能性，使飞行学生真正体验其中的乐趣，以提高航空体育教学的实效性和质量。

2. 在航空体育教学教材项目的搭配上，必须要教的一些"技能性强但趣味性不强"的教学内容，我们可以将其理解为饮食中的副食，也是重要的教材。针对这类教材，我们同样要在深入研究其教学规律（学理）的同时，积极探索和改进组织教法，发掘一些富有情趣的因素来进行教学调节，例如：通过情境化、游戏化、竞赛化、简易化等方法，给这些教材教学赋予情趣化和娱乐化内容，但要注意不要只为趣味化而忽略和放松运动技能教学。

3. 在航空体育教材的搭配上，对于"技能性不强但趣味性强"的教学内容，我们可以将其理解为饮食中的调味品，因此不能作为主教材。对于这类教材，在航空体育教学中应该更多作为调节教学的辅助内容来运用，如在准备活动、调节情绪或休息放松时运用，但这类教材的运用不能过多，以免影响主要教材的教学，影响课的教学密度和负荷，达不到应该完成的教学任务。

4. 在航空体育教材的搭配上，对"趣味性和技能性都不强"的教材，我们可以将其理解为"药"（针对某种特殊要求），这些项目在教学中不可能成为主教材。针对这类教材，我们更多的是作为锻炼学生和教育学生的特殊内容来使用，如根据民航飞行对飞行耐力的要求，在日常教学和训练中，通过课上课下有针对性地让学生练习长跑，以锻炼耐久力，为提高飞行耐力奠定基础。运用这类教材必须要有明确的目的和目标，"对症下药"，也就是我们通常讲的必须要做的。

对于航空体育教材的搭配和实际教学，仅从教学效果上讲，"教得好"和"玩得好"有时是一回事，这是教学艺术的境界。而如果只是"玩得好"而"教得不好"的课，这种课不能叫作航空体育课，而如果只是"教得好"而"玩不好"的课也不算是一节成功的航空体育课。在教学方法上，有些方法有利于掌握运动技能，有些方法有利于学生体验运动乐趣，游戏法、比赛法等。因此需要航空体育课教师要把两者有机地结合起来，使整个体育课堂既富有情趣、生动活泼又富有实效，从而达到寓教于乐、寓体于心、寓健于智的境界。如果每一位教师能够深入掌握和了解上述对不同教材采用不同教学方法的认识，就会在教学内容的选择和教学方法的运用层面上，将航空体育学习和掌握运动技能和体验运动乐趣较好地融合在一起。

要点6：善用集体因素是优化航空体育教学环境和提高航空体育教学质量的重要手段

在航空体育教学中，善用集体因素是优化航空体育教学环境和提高体育教学质量的重要手段，这是因为航空体育教学是飞行学生体育学习集体体现很充分的教学环境，而促进飞行学生的社会适应的途径主要是——航空体育学习集体适应，而且良好的集体学习氛围又是航空体育教学环境优化的重要因素。

1. 集体适应是社会适应的集中体现

飞行员的生活是单线条的，由于职业的影响，飞行员除了行业内的朋友以外，很少与他人接触。那么说到人的社会适应能力，很多人都觉得不好理解，也很难判断，于是就把它加以分析，但分解得过细却会使人"只见树木不见森林"，如"群体意识""文明行为""进取向上"等。因此，我们必须找到社会适应的集中体现之处，在飞行员的飞行工作中，一个机组就是一个集体，就是一个相对独立的小社会。我们认为，这就是人对"集体的适应"。因为，人对社会适应的很多方面，主要表现在是否适应身边的集体。如果一个人不能把自己融入身边的集体之中，那么，他们怎可能去适应社会呢？如果一个人能融入身边的集体并在其中体现自我价值，那么，他就有了很好的适应社会的基础。因此，集体是个人和社会之间的纽带，而集体教育也是学生社会化的媒介。由此而论，培养学生的社会适应能力，应该着眼于集体教育的环节，应该在集体教育的层面上分解社会适应的目标。

2. 航空体育学习集体适应是社会适应与体育教学情景的交汇点

落实航空体育中的社会适应，我们必须找到社会适应与航空体育教学情景的交汇点。如果我们的社会适应泛出体育教学的情景，那么，这些目标就与教学实践没有关系了，与教师的教学设计也没有关系，与教学内容更没有关系了。在日常航空体育教学观摩中，我们发现很多教师在教学设计上没有出现一例与"学会获取现代社会中体育与健康知识的方法"有关的社会适应目标就是一个证明。我们认为，社会适应与体育教学情景的交汇点就是体育学习集体的适应。

航空体育学习群体（集体）是一个特殊的群体（集体）形态，既具有一般的集体的因素，又具有更强的计划性、目的性和教育性。因此，它的可设计性、可把握性和教育的可靠性都更强。同时它又是充满着体育教育要素的集体形态。所以体育学习集体是一个绝好的教育环境，对于促进学生的社会适应具有很好的效果。

只知道"体育学习集体适应"是学生与社会适应的交汇点还不够，还必须找到体育教学中促进学习集体适应的各种环节、情景及其表象，并找到这些表象与体育教学目标、内容和方法之间的连接点，只有这样才可能把促进学生社会适应的目标有效的落实到教学实践中去。

依据"集体的六要素"和体育教学情景，我们对"体育学习集体适应与社会适应之间的连接点"进行了初步的探讨：职责的分担在集体中能明确自己的位置、发挥自己的特长、完成自己的任务，为集体做贡献，使自己离不开集体，使集体离不开自己；在小组中有无固定的角色（如裁判、记录、策划、器材管理等）；是否积极完成在班集体和小组教给自己的任务；在集体体育活动中是否显出一定特长；培养学生建立愿意为集体做贡献的精神；使学生有发挥自己特长，扮好自己的角色的意识和能力；培养认真完成集体任务的态度。

规则遵守集体的共同约定—规则，使自己与集体的规定，进而与社会的规定相一致，使自己的行为更加规范。是否自觉地遵守体育运动的规则；是否自觉地遵守班集体、小组制定的规则；是否服从裁判的裁定等。认识规则是"共同的约定"，是维护秩序和集体也包括自己权益的意义。养成遵守规则的意识和行为习惯。

共同的活动愿意并经常与所在集体的成员一起设计和参与各种活动，通过空间和时间的共享，使自己与集体越来越近。

是否积极参与体育学习和体育活动；在自主性活动中是否躲避大家。积极参与以班集体和小组为单位的各种活动；克服孤僻、散漫等不良心态和行为。

要点7：航空体育教学评价要将结果评价与过程评价相结合

在进行航空体育教学设计时，既要一如既往地注重终结性评价，恰当地发挥评价的甄别功能，又要强化过程性评价，强化评价的激励、发展功能。

任何课程的评价都是由评价的主体的教师和学生，与作为评价的对象的"对教师设计的教学过程"和"对学生实际进行的学习过程"两个方面共四个基本部分组成。将它们的相互关系用象限来表示就构成了教学评价的基本构造图（见图5-2）：

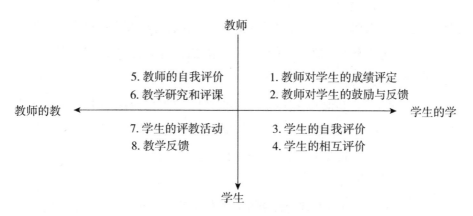

图 5 - 2　教学评价的基本构造图

如图 5 - 2 所示，教学评价主要由 4 大类（含 8 小类）组成，如果加上其他非主要性评价（如家长对学生的评价）等，应有 9 类教学评价，这些评价都与体育与健康课程的教学评价有关系。

1. 体育教师对学生的学的评价：体育教师对学习过程的评价是体育教学评价中最传统的评价方式，由于评价的主体是最有经验的教师，而评价的对象又是反映教学效果的学生，因此，这个评价一直受到人们的重视。这种评价又包括有"教师在学习过程中对学生的激励评价"和"教师在教学过程结束时作为教学结果对学生的体育成绩评定"两种评价形式。

2. 学生对学习的评价：学生对学习过程的评价是新的教育理念和新《体育与健康课程标准》非常重视的评价，这种评价也包括教学过程和教学效果两个方面，主要形式有学生的自我评价和学生间的相互评价两种。

3. 学生对教学过程的评价：学生对教学过程的评价也是现代教育理念中非常重视的评价方式，这种评价也包括对教学过程和教学效果两个方面。评价形式又包括"学生在学习过程中对教学的随时反馈"和"有学生参加的评教活动"两类，前者往往是非正式的评价活动，而后者往往是正式的评价活动。

4. 教师对教学过程的评价：教师对教学过程的评价是为不断提高教学质量的评价活动。评价的形式也包括"教师对自己教学情况的自我评价"和

"教师之间的相互评教活动"两类评价，前者和后者都有正式和非正式的形式，在人员方面有个人性的、体育组内的和校际之间的，在时间上有平时性的和定期性的形式。

5. 其他评价：其他人员对体育教学的评价，如家长对学生体育学习的评价、国外的 PTA（家长教师联合会）对体育教学的评价等。由于这种评价的主体既不是体育专业人员，又没有参与体育教学过程，因此只能是一种辅助性的和参考性的评价。

以上几种教学评价在评价作用方面各有利弊，在重要性上也不是完全相同的，在体育教学实践中被使用的频率也不一样。

由于各种评价其在教学中进行的时间和场景不同，因此其具体的评价方法、操作形式及手段运用也不相同，第一线体育教师在实施新的评价方法中，也作了许多开发研究，现简要归纳如下。

要点 8：航空体育教学过程要扎实，要体现教学性

很多教师一直沿用"三段制"的教学模式，应该说传统的"三段制"体育教学过程本身没有什么错。因为"段"就是"阶段"，任何事物的发展过程都有阶段性，任何课程的课堂教学也都要分阶段。有人说，现在大多数教师放弃了分段的教学模式，而事实上并非如此，相反我们看到的是有些体育教学的分段越来越多、越来越细。而且所谓的"放弃了分段的教学模式"实质是"放弃了按运动技能教学规律进行分段的教学模式"。但体育课堂教学主要任务就是传授运动技术。如果放弃了按技术教学需要和程序分段，那体育课将按什么来分段呢？

的确，体育教学的确可以有不同的分段方法，那是为了利用多种模式来辅助运动技能教学，更好地实现体育教学的多种目标，也是为了克服"三段式"的某些缺点和不足。例如，用发现式教学的分段方法（模式），来帮助学生更好地"学懂"（明白道理）；用领会式教学的分段方法（模式），来帮助学生更好地在球类项目中"学会"（掌握技术）；用快乐式教学的分段方法

（模式），来帮助学生更好地"学乐"（体验成功和乐趣）；用主动式教学的分段方法（模式），来帮助学生更好地进行"自主性学习"（发挥学生的学习主体性）；用小群体式教学的分段方法（模式），来帮助学生更好地进行"竞争与合作"（提高学生的适应性）。但是：第一，这些教学模式从来不否定运动技能教学，相反都是依托在运动技能教学之上的模式；第二，这些教学模式也不是"替代"，更不是要"放弃"传统的"三段式"教学，而更多的是完善它和补充它；第三，运用这些教学模式的时机和频数也要适当，不能不分青红皂白地盲目使用。总之，体育教学过程的改革与创新也不能"本末倒置"更不能"丢失自我"。

另外，体育课堂教学的分段也不宜过多。体育课应该分多少段比较合适？这要根据教学目标、教材性质、分段方法等具体情况来决定，不好一概而论。但，无论如何，将45分钟的体育课分成8、9段甚至10段以上是不太合适的。因为，既然成为一个阶段，就应当有独自的教学内容和任务，否则分段就没有意义了。要完成独自的教学内容和任务，就需要有一定的时间，如果分阶过多，就会由于时间不够而使教学蜻蜓点水似的一带而过。在新一轮的体育课程改革中，我们都在课程设计层面上，努力去克服"教学内容低水平重复"和"教学安排蜻蜓点水"的问题，我们绝不能在体育课堂教学的层面上，再出现"没有教学过程"或"教学过程蜻蜓点水"的问题了。

要点9：航空体育教学要将促进学生心理健康融入运动技术教学和体育锻炼中

新的大学《体育（与健康）课程标准》向体育科学提出了"提高学生心理健康水平"的要求。这个新目标的提出既反映了新的教育思想和理念，也体现了学校体育工作者主动承担重任的义务感和责任心。但是，在体育课程教学中如何促进学生的心理健康是一个新的课题，也是当前进行新课标实验中的一个难题。难就难在两者如何结合。我们认为体育教学与心理健康促进的联点主要体现在以下几个方面：

1. 体育的"热血运动"所带来的陶冶。体育运动伴随着超过日常身体活动的运动负荷，伴随这个"热血"运动，人的情绪会变得亢奋和激动，这种兴奋对人的情绪会产生特殊的陶冶作用。如运动后人对运动、对合作、对意志等的认识与体会都会变得更加深刻，甚至可能领悟到一些人生的意义。我们从体育比赛获胜或失败后人们的举动（如获胜后的狂跑、拥抱、在地上打滚、拍打地面等，失败后的懊恼、沮丧甚至痛心疾首）中就可以看出来。运动中的强烈亢奋，可能导致人们不良的心态和不文明行为，这时就需要抑制，而且这种抑制是需要有强度、有理性背景的。实现强兴奋状态下的强意志，是一种心理调节过程，因而，由此可以提高人的心理调节能力。

2. "高峰体验"下的心理锻炼。"高峰体验"是指在一种高强度超日常性的心理体验。由于这种体验是模仿非日常的身体活动，并伴有一定的危险性，如体操、攀岩、独轮车、滑冰、游泳等，这使人的懦弱心理和挑战心理产生"冲突"，在这种冲突中，往往是挑战心理取得了胜利（因为在体育教学中环境下的"高峰体验"基本上是安全的、可行的），因此，它有利于锻炼人的心理素质。

3. "直接的即时性评价"有助于群体意识的培养。由于体育教学是以身体活动为其基本表现形式的，因此，它与其他课程教学不一样，其教学评价具有"即时性"和"直接性"的特征，这种评价几乎是体育课独有的评价，让一些技能好的学生感到高兴（有了展示的机会），也让一些技能差的学生感到头痛（因为会当众出丑）。这也是一些学生对体育课喜欢或惧怕的原因之一。因此，正确运用"即时评价"，有利于学生的心理锻炼，引导学生正确评价自己学习与正确评价他人，也有助于建立自信心和克服那种只顾自己表现不顾他人感受的不良行为。

4. 体育教学对规范行为的要求与约束。由于体育教学中的身体活动是一种非日常性的身体活动，因此，安全问题和过激的行为都比较突出。所以，在体育教学中必须要有一份特殊的行为规范。这些规范有些是限制自由的活动，如在游泳教学中不能私自离队；有些则是合法不合理的，如比赛中裁判误判也必须服从等。这些要求与约束，有利于学生兴奋与抑制的转换，抑制不良的行为，提高自律能力。

要点10：通过细化工作来切实保障学生的安全

体育教学中的身体锻炼和安全不是"鱼和熊掌"。的确，体育锻炼伴有一定的危险性，有些运动的危险性还比较大，如器械体操等。在体育教学第一线，许多优秀体育教师按照教学大纲上了一辈子的体育课，他们也教器械体操、跨栏等教材，也都没有发生过什么伤害事故。这些都有力地说明体育锻炼和安全是可以兼得的。

那么，如何切实地保证体育教学中的安全呢？我们认为要在体育教学设计时考虑好以下的方面：

1. 安全来自于教师的爱心和责任心。教师对学生无微不至的关怀和周密细致的工作，是来自于他们对学生的热爱，只有热爱学生才有真正的责任心（而不是"逃避责任的心"），只要教师有了责任心，才会有周密的安全对策，学生的安全才有最基本的保证。

2. 安全来自于教师高超的保护技能。要保证学生的安全，光有爱心和责任心是不够的，教师还要有丰富的专业知识和高超的安全保护技能，这种技能包括：

（1）对场地器材进行安全布置的技能；

（2）对运动器材进行检查和保养的技能；

（3）对学生的身体和技能状况进行准确判断的技能；

（4）把握教材难易度与进行教材安全化处理的技能；

（5）对各种危险进行准确预测的技能；

（6）对各种动作进行安全保护的技能；

（7）利用学生群体进行相互安全保护的技能；

（8）对紧急伤害事故进行正确的初步处置的技能等。

3. 安全来自于教师规范的工作程序。学校和教师要保证学生的安全，还要制定各种规章制度，如《体育教学常规》《体育课堂教学常规》《体育场地器材安全制度》《体育场馆使用制度》《游泳池使用制度》，等等。要用制度和严谨的工作程序确保学生的安全。我们可以看到许多学校的场地干净整洁，器具美观、漂亮、结实，器材周围的护栏醒目、距离合理。这些都是因为这所学校在这些方面具有健全的制度，有了制度就可避免随意性。

4. 培养学生的安全意识和掌握安全要领。体育教学中的安全，要靠师生共同来维护。因此除教师外，学生也必须具有强烈的安全意识并掌握一些基本的安全要领与技能，要使保护安全成为每一个学生的自觉行动，要让学生们在遇到危险时，能够运用所学的安全要领来规避危险。比如当学生一旦在器械运动学习中发生什么意外，只要教师事先告诉学生"在器械上运动时如果出现意外，绝不能撒手"的安全要领，而学生也能做到这一点，就不会发生什么严重的伤害事故。

体育教学中有的危险是不可预测的或是人力不可抗拒的，如在上体育课时突然发生了地震、发生了无法躲避的雷击、经认真体检后证明无疾病的学生在正常运动负荷中猝死等。除此之外的大部分危险，体育教师都可以凭借经验加以预防。对于在前一种情况下造成的伤害事故，法律是不会追究学校和体育教师的责任的；而对大部分可以预防而教师没有去预防造成的伤害事故，法律就一定会追究学校和教师的责任。因此，教师要负责任的一定是可以预防的事故。

第六章

航空体育课程设计质量保障体系构建

航空体育课程设计质量是航空体育教育目标适切度和达成度的有机统一，是航空体育课程运行水平的重要标志。航空体育课程质量保障体系是指通过对质量生成过程的分析，找出课程运行质量的关键控制点，运用制度、程序、规范、文化等实施过程控制，构建的持续改进与提高的闭环自适应系统。

第一节　航空体育课程设计质量保障体系构建基本原则

一、航空体育课程设计要坚持以人为本的原则

航空体育教学的主导要以教师为本，而对航空体育对人才培养的实施要以学生为本。因此，学校在制定航空体育课程设计与实施的过程中要充分调动航空体育教师、飞行学生的责任感、主动性、自觉性与创造性，建立航空体育课程教学的良性循环机制。

二、航空体育课程设计系统构建要树立五合的质量观

即合基准、合需求、合规律、合定位、合实际，提高培养目标的适切

度；实施校——航空公司——院系——学生家长——体育教师——教师六位一体全方位管理，提高整体目标和分步目标的达成度。

三、航空体育课程设计实施全程控制的原则

将航空体育课程计划、课程实施执行、课程监督检查、整体改进"的循环思想融入飞行学生身心智培养工作的各个方面和各个环节中，使影响飞行学生培养质量的关键控制点和培养过程中的关键环节始终处于受控状态，做到课程实施前监控准备过程，实施中监控实施过程，课程结束后监控整改过程。实现"课程大纲计划标准、执行实施、督导检查、整体改进"的良性循环，形成课程实施持续改进、修正和自我完善的运行机制。

四、航空体育课程设计实施全员参与的原则

飞行学生身心智培养是航空体育课程培养的根本任务，飞行学生身心智培养质量的提高需要全体航空体育教师、学生及学校、航空公司、学生家长、社会利益相关者的共同参与和努力，每个参与者都是航空体育课培养质量保障体系建设的一分子，其中学生是主体，教师是主导，院（系、部）是基础，社会是背景，学校领导和职能部门（教务处、学工处、团委、后勤处等）要发挥好领导、指导和服务作用，利用好社会对飞行学生培养的外部指导作用（民航主管部门、航空公司、飞行培训学校、家庭）。建立用人单位（航空公司）、教师（航空体育）、学生（飞行）共同参与的航空体育质量保障与评价机制，形成自觉自律的飞行学生培养质量文化，从而促进学生、教师、学校的可持续发展。

五、航空体育课程设计实施互动生成的原则

通过学校（航空体育教学部）与外部环境及利益相关者之间的互动，推动航空体育管理操作工作流程的改进，航空体育教师、飞行学生自律自觉意识的提高和环境的优化，形成主体、保障体系、环境质量的互动生成机制。

第二节　航空体育课程设计保障体系六大体系

　　航空体育课程设计实施是确保民航飞行学生身心智培养质量的关键环节。民航实践表明，民航飞行员对飞行体能有着特殊的要求且受诸多因素的影响，因此，对于民航飞行大学生飞行体能的培育是一个复杂的、系统的工程。航空体育课程作为飞行体能培育的唯一载体是一门融多学科、多项目、多层面于一体的综合性极强的课程，且需要多部门协同配合才能高质量达成培养目标。多年来，受传统管理理念的影响，高校航空体育课程一直以来都是由体育部独立承担与管理，这种运行模式导致在整个学校层面缺乏上下联动、横向贯通的运行机制，严重影响和制约着航空体育课程培养质量。因此，依据体育管理系统构建理论、教育指标系统构建理论、卓越绩效管理理论、质量保障体系理论，从大教育观—航空体育课程宽泛的教育功能；大体育观—航空体育课程多体育运动项目的集成设置；大健康观—飞行大学生生理、心理、社会、环境；大安全观—飞行安全（民航安全的核心）四维视角嵌入，把航空体育课程设计体系构建成一个整体系统，系统包含 6 大体系：航空体育课程设计目标决策体系、航空体育课程设计组织运行管理体系、航空体育课程设计设置培养体系、航空体育课程设计实施支持体系、航空体育课程设计运行基础保障体系、航空体育课程设计评估监督评价体系，系统间形成一个开放性的有机链条，诊断、评价、反馈与修正畅通，使整个系统的运转成效达到最佳化、最优化。其最终目标与结果评价：确保航空体育课程设计运行质量，为我国民航运输业输送身心智和谐发展的优秀飞行员。航空体育课程设计创新体系（质量保障）模式如图 6-1。

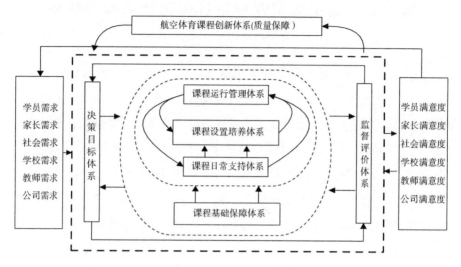

图6-1　航空体育课程创新体系（质量保障）模式

一、航空体育课程设计目标决策体系

航空体育课程决策目标是飞行大学生身心智和谐发展航空体育课程体系实施所追求的目的和达到的效果，是飞行大学生身、心、智和谐发展培养质量保障的出发点和落脚点。从管理学的视角分析，决策目标体系的构成要素主要有：航空体育课程的定位与规划、培养目标定位、培养模式的确立、培养效率与效益、参与部门的分工与协调。该体系重点体现培养目标，培养规格，如何培养，培养效益及参与部门协同合作的有效性。具体工作流程如图6-2。

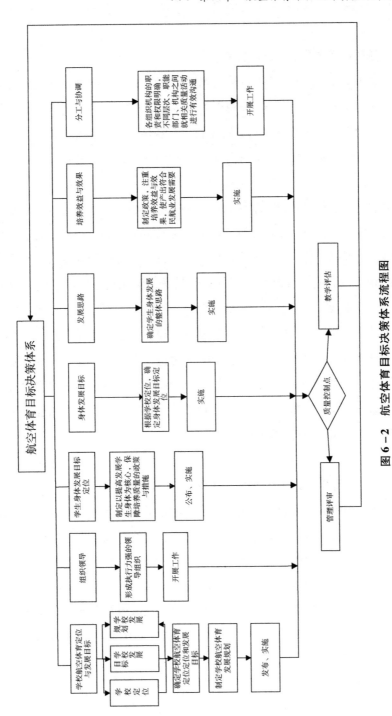

图 6 - 2 航空体育目标决策体系流程图

二、航空体育课程设置培养体系

航空体育课程设置培养体系是实现飞行大学生身体培养目标的中心环节。围绕飞行员航空飞行所需的"体力—心力—脑力"，融体、心、智（体能、心能、智能）三个层面，将竞技项目、大众体育、航空专项体育、专项体能、保健康复、智力体育、娱乐体育、心理训练等课程进行优化组合，涉及生物学、生化学、生理学、人体运动科学（保健、康复）、心理学、教育学、社会学等多学科的理论与案例，形成融生物、心理、社会三位一体健康理念的航空体育课程设置培养体系[9]，充分体现身体与心理的高度融合、体与脑的结合。课程设置体系主要是根据民航飞行员飞行体能的要求与航空体育课程的相关性、关联性进行项目筛选、精选，优化组合，以学生（学习者）为主体，形成一套身心智高度融合完整的、系统的课程设置体系。航空体育课程设置培养体系的构成要素主要有课程设置体系（理论、技能、实践——凸显身心智的高度融合）、培养渠道（理论、实践——课内课外，校内校外相结合）、考核体系（标准、方法、运行）。该体系重点体现课程设置的科学性；课程培养实施途径、渠道的多样性、有效性、实用性；课程效果的考核及评价，具体工作流程如图6-3。

三、航空体育课程组织运行管理体系

航空体育组织运行管理体系是在决策目标体系指导下，具体组织航空体育课程教学运行及飞行大学生身、心、智培养质量的有效管理等，构成的主要素有：航空体育课程教学大纲和教学计划的制定、教学基本建设（体育运动场地、航空体育专项器材设备）、日常教学管理、教师教学管理、教学改革与研究、体育学习效果评定、学生体育档案、身体档案管理等。该体系全面体现课程教学运行的科学性、规范性、严谨性。具体工作流程如图6-4。

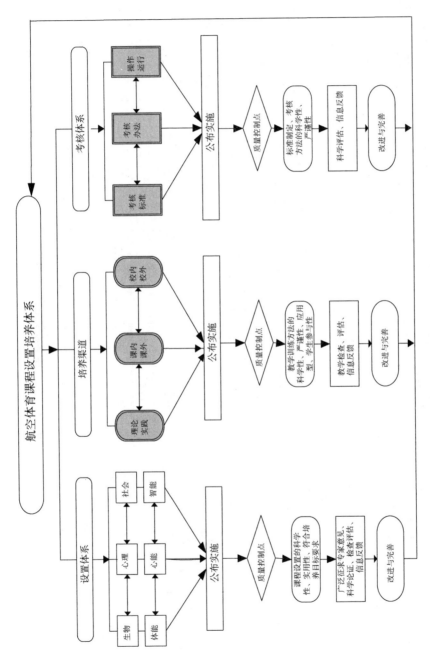

图 6-3 航空体育课程设置培养体系

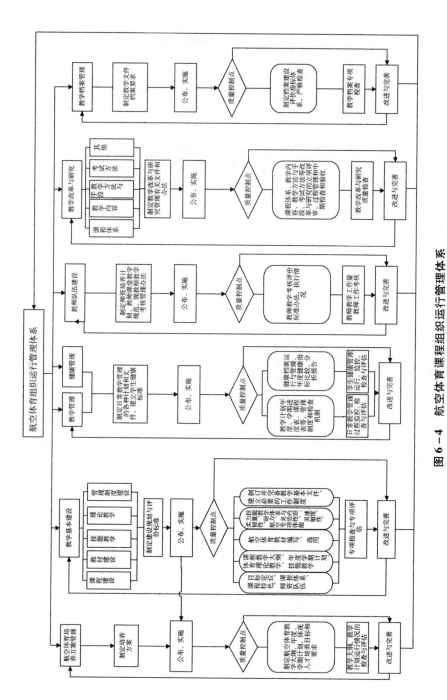

图 6-4 航空体育课程组织运行管理体系

四、航空体育课程实施日常支持体系

主要是为飞行大学生身、心、智和谐发展培养体系提供日常支持与服务。构成要素有：体育师资队伍、教学经费保障、训练经费保障、运动场地设施、身体机能测试、心理实验测试、身体指标分析设备、图书资料、航空体育校园网建设。该体系重点体现不同层面的支持力度，具体工作流程如图6－5。

五、航空体育课程运行基础保障体系

主要是为飞行大学生身、心、智和谐发展培养体系实施的宏观保障。构成要素有：组织保障、制度保障、教学基本设施保障、生活医疗保障、运动习惯、教学环境、学习环境、运动环境。该体系重点体现学生学习所涉不同层面的基础条件和保障，具体工作流程如图6－6。

六、航空体育课程评估监督评价体系

主要是飞行大学生身心智和谐发展整体培养体系的动力，具有导向、激励、诊断、监督和改进功能[11]。构成要素有：评价标准、评价指标的制定、评价人的界定、日常监督评价、学期学生体能指标评价、学年学生体能指标评价、绩效评价、教学评估。该体系重点体现社会、家长、航空公司、学生、教师、学校的满意度，体现"6级"评价的效果，具体工作流程如图6－7。

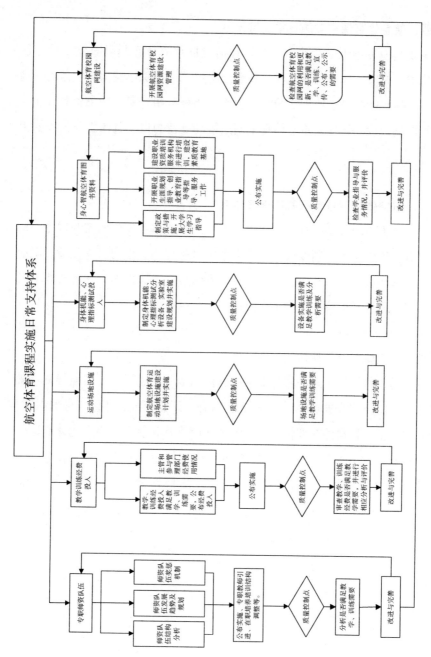

图 6-5 航空体育课程实施日常支持体系流程图

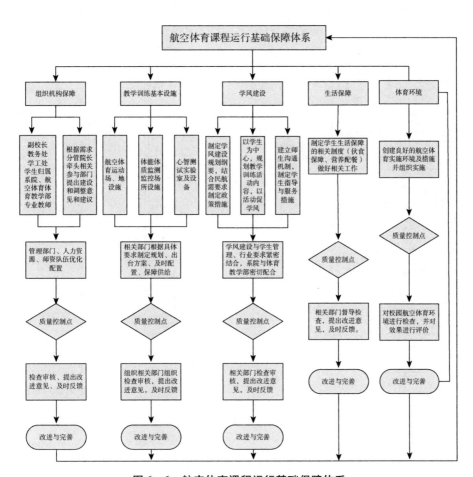

图 6-6 航空体育课程运行基础保障体系

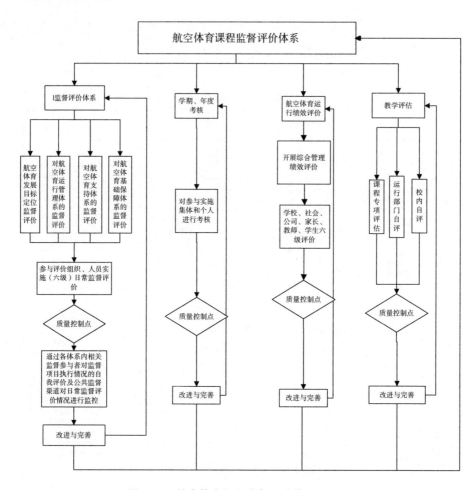

图6-7 航空体育课程监督评价体系流程图

第三节 飞行大学生身心智和谐发展航空体育课程创新体系循环机制

飞行大学生航空体育课程体系（质量保障）从宏观到微观、由外到内、由大到小、由整体到局部形成四组循环。通过四组循环，以提高航空体育课程整体系统和绩效满意度为基本点，以推进和实施航空体育课程体系的整体运行和过程管理、持续不断地对各体系运行存在的缺陷进行不间断的诊断、修正和体育课程优化、组合创新为核心，以强化整体体系运行的组织管理、科学的系统谋划为推动力，形成社会、家长、公司、学校、教师、学生全员参与、全过程管理、整体系统集成、层次清晰、相互辐射、相互渗透、相互衔接的航空体育课程体系构建的质量保障体系，形成目标决策、运行与控制、测量与评估的良性循环。

一、航空体育课程体系第 1 循环

在航空体育课程整体需求与评价满意度之间形成第一大循环，其循环路径为：6 位一体的整体需求→6 大职能体系→6 位一体的评价满意度→6 位一体的整体需求。形成了以整体需求（含社会、家长、公司、学校、教师、学生）为出发点，通过对飞行大学生身、心、智和谐发展的全方位系统培养，然后对培养的效果进行满意度调查（含社会、家长、公司、学校、教师、学生）与诊断修正，最终根据 6 位一体的评价结论来调控课程的目标决策体系。

二、航空体育课程体系第 2 循环

在建构体系中的"6 大体系"之间形成第 2 大循环，其运行循环路径为：航空体育目标决策体系→（航空体育组织运行管理体系、航空体育课程设置培养体系、航空体育课程实施支持体系、航空体育运行基础保障体系）→航空体育评估监督评价体系→航空体育目标决策体系。第 2 循环突出的是航空体育评估监督评价体系，即在航空体育组织运行管理体系、航空体育课程设置培养体系、航空体育课程实施支持体系、航空体育运行基础保障体系四大体系运行循环过程中，对各体系同时进行着全方位、全过程的评审、评估、监督与监控，使航空体育课程体系实施与运行的全过程有监督、有检查、有诊断、有评价、有反馈、有修正，从而实现飞行大学生身、心、智和谐发展培养质量的持续改进与推进。

三、航空体育课程体系第 3 循环

在航空体育组织运行管理体系到航空体育课程设置培养体系和航空体育课程实施支持体系之间形成第 3 大循环，其运行循环路径为：航空体育组织运行管理体系→（航空体育课程设置培养体系、航空体育课程实施支持体系）→航空体育组织运行管理体系。3 个体系之间形成了相互依赖、相互依存、相互渗透的关系。航空体育课程体系中的组织运行管理体系对实施支持体系提出具体要求，而实施支持条件同时制约着组织运行管理的实施和成效；组织运行管理体系对课程设置培养体系提出了具体的目标任务要求，而课程设置培养体系培养过程的信息反馈影响到组织运行管理，从内在关联上讲，就是 3 个体系之间的循环形成航空体育课程体系日常教学管理的相对完整的过程。

四、航空体育课程体系第 4 循环

在航空体育组织运行管理体系到航空体育课程设置培养体系之间形成第四大循环，其循环路径为：航空体育组织运行管理体系→航空体育课程设置培养体系→航空体育组织运行管理体系。组织运行管理体系向课程设置培养体系提出目标任务，课程设置培养体系对飞行大学生身、心、智培养过程进行全方位的督导检查，然后反馈到组织运行管理体系中，而组织运行管理体系依据监督评价反馈情况调整任务目标，形成良性循环。

第七章

航空体育课程标准设计

第一节　航空体育课程设计——体育理论

　　航空体育课程是设立在民航专业院校（北京航空航天大学、南京航空航天大学、中国民航大学、中国民用航空飞行学院等）或者是普通高校设立有民航类专业的院校（滨州学院、上海工程技术大学等）。航空体育课程主要是面向民航飞行技术专业大学生（简称"飞行大学生"）开设的一门必修课程。该课程既有行业属性，也具有教育属性，是集生理、心理、体能、素质、专项体能、休闲、保健、康复、安全等多元素于一体的一门综合课程，这门课程的重要性就在于能否确保飞行大学生通过学习这门课程，达到近期与远期目标。近期目标——以良好的身体和精力作保障完成四年的学业，且每年通过民航局的身体检查和体能测试；远期目标——养成运动的习惯，确保从业后保持持久良好的身体状态，确保飞行安全，延长飞行寿命。因此，该课程对于民航飞行大学生而言十分重要。根据高校飞行大学生在校学习航空体育课程的特点，结合多年的实践经验，将航空体育课程模块化，构建成为五个模块体系，精选课程内容将有助于航空体育课程的管理、运行实施及学生的需求。

　　航空体育理论主要是为指导飞行大学生运动实践而设立，结合民航业对飞行大学生的身体标准要求，根据高校飞行大学生需掌握的航空体育理论知识体系，使飞行大学生通过有效的学习，运用所学理论知识指导运动实践，并结合大学生生理、心理、年龄特点和未来需求，整合航空体育和大学体育的结合点、相融点，将基础航空体育的理论与运动健康、运动能力的培养等内容规整融合，形成航空体育理论模块。

运 动 解 剖 学

中文课程名称：运动解剖学；英文课程名称：Sports Anatomy

一、课程简介

运动解剖学主要针对飞行大学生。本课程简要介绍人体组织的结构、人体各器官系统的组成，以及体育锻炼对人体形态、结构影响。学生通过本课程学习，初步掌握运动动作中人体的基本结构、体育锻炼的人体生理功能的影响及肌肉工作原理，为身体锻炼遵循科学的方法奠定基础。

二、教学目标

本课程的主要目标是使飞行大学生了解和掌握人体组织的结构，人体管器官系统的组成，以及生长发育规律。初步了解人体主要器官的位置，形态、结构及主要的功能。了解体育锻炼对人体形态、结构影响。

三、教学内容

面向飞行大学生。主要讲授内容主要包括人体基本组织的结构；人体主要器官的位置、形态及结构；体育锻炼对人体形态、结构的影响；体育锻炼的解剖学依据及体育动作的解剖学分析等。包括基本理论部分和实践教学（理论教学以课堂讲授为主，实践教学主要结合外堂课教学内容结合解剖学原理穿插进行）。

1. 人体的基本构造

（1）运动解剖学发展简史 （2）人体解剖学术语 （3）人体组织

重点：结缔组织、肌组织、神经组织。

难点：肌组织中的肌纤维的结构。

2. 运动系统

（1）骨骼肌（2）肌肉工作分析（3）体育动作的解剖学分析

重点：各部分骨、关节的组成及名称；运动各关节的主要肌群。

难点：肌肉的协作关系及工作性质；主要肌肉力量的锻炼方法。

3. 内脏

（1）消化系统（2）呼吸系统（3）体育运动对内脏器官的影响

重点：各内脏系统的组成与功能。

难点：内脏器官的结构特点。

4. 神经系统

中枢神经系统

重点：中枢神经及周围神经的组成和功能。

难点：不同动作的神经传导通路。

5. 感觉器官

（1）视器（2）位听器（3）皮肤（4）本体感受器

重点：本体感受器。

难点：眼球壁的结构；内耳的位置、分部、结构与功能。

四、教学方法与习题要求

结合飞行过程中人体的生理变化情况，在教学形式上主要采用启发式、讨论式、研究式教学方法，结合学生运动实践进行本课程的讲授。转变以教为主的方式，课前布置作业，要求学生预习、留问题、分组查资料，上课时分组讨论、辩论，根据学生表现进行评分，每个学生要写出课后小结和感想。并采用现代化教学手段，尽可能运用多媒体教学、采用挂图、教学模型等直观性教学，使学生既动手又动脑，以提高学生的学习兴趣。每学时安排1次作业，作业形式多样，要求每次布置的作业按优、良、及格的等级打分。

五、考核方式及成绩评定

1. 考试方法

考勤成绩：平时成绩由任课教师根据学生出勤情况打分。

平时成绩：根据学生平时作业、课堂互动情况打分；

期末成绩：理论成绩在完成教学任务后，由任课教师出题，采取规定时间的开卷考试。

2. 成绩评定

总评成绩100% = 考勤10% + 平时成绩30% + 期末成绩60%。

六、教材或主要参考书

1. 徐国栋，袁琼嘉. 运动解剖学（体育学院通用教材第五版）［M］. 北京：人民体育出版社，2012.

2. 李世昌. 运动解剖学（第二版）　［M］. 北京：高等教育出版社，2010.

运 动 生 理 学

中文课程名称：运动生理学；英文课程名称：Exercise Physiology

一、课程简介

运动生理学主要针对飞行大学生。重点介绍人体机能活动规律的科学，人体在体育活动和运动训练影响下结构和机能的变化，运动技能形成和发展的生理学规律，人体运动能力发展和完善的生理学机理，各种科学的训练制度和训练方法。主要教学目标：使飞行大学生掌握人体基本机能活动规律，主要提高学生的理论水平和实践能力，为学生实现良好的航空体能打下好的基础。

二、教学目标

本课程主要目标是针对飞行大学生对人体生理学知识的需求，通过本课程的学习，使学生在对人体基本机能活动规律有初步了解，懂得体育学习和运动训练过程中的生理学原理和生理特点，以达到增进健康、提高体能、防治一些常见疾病，提高运动水平。

三、教学内容

1. 人体生理的基本特征

（1）生命活动的基本特征（2）人体生理机能的维持与调节（3）人体生理机能调节的控制

重点：运动生理学的概念、生命活动的基本特征。

难点：人体生理机能调节的控制。

2. 骨骼肌机能

（1）肌纤维的结构（2）肌纤维的收缩过程（3）骨骼肌的收缩形式（4）肌纤维类型与运动能力（5）运动对骨骼肌形态和机能的影响

重点：肌纤维的收缩过程、骨骼肌特性、骨骼肌的收缩形式、肌纤维类型与运动能力、运动对骨骼肌形态和机能的影响。

难点：肌纤维的收缩过程。

2. 血液

（1）血液的组成和理化特性（2）运动对血液的影响（3）运动对血液凝固和纤溶能力的影响

重点：运动对血液的影响、血液的组成和理化特性。

难点：运动对血液凝固和纤溶能力的影响。

4. 循环机能

（1）循环系统概述（2）心脏生理（3）血管生理与心血管活动的调节（4）运动与心血管功能

重点：心脏、血管生理。

难点：心血管活动的调节、运动与心血管功能。

5. 呼吸机能

（1）呼吸运动和肺通气机能（2）气体交换和运输（3）呼吸运动的调节（4）运动对呼吸机能的影响

重点：呼吸运动和肺通气机能、气体交换和运输。

难点：呼吸运动的调节、运动对呼吸机能的影响。

6. 物质与能量代谢

（1）物质代谢（2）能量代谢（3）体温

重点：物质代谢、能量代谢。

难点：能量代谢。

7. 运动技能；有氧、无氧工作能力

（1）运动技能的学习进程（2）影响运动技能学习发展的因素（3）有氧工作能力（4）无氧工作能力

重点：运动技能的学习进程；有氧工作能力。

难点：影响运动技能学习发展的因素；无氧工作能力。

8. 身体素质；运动过程中人体机能变化规律

（1）力量素质（2）速度素质（3）耐力素质（4）平衡、灵敏、柔韧和协调（5）赛前状态与准备活动（6）进入工作状态（7）稳定状态（8）疲劳状态（9）恢复过程

重点：力量素质、速度素质、耐力素质、各个状态的特征。

难点：各种素质的锻炼方法、对各个状态进行训练。

四、教学方法与习题要求

结合飞行过程中，人体的生理变化情况，在教学形式上主要采用启发式、讨论式、研究式教学方法，结合学生运动实践进行本课程的讲授。转变以教为主的方式，课前布置作业，要求学生预习，留问题，分组查资料，上课时分组讨论、辩论，根据学生表现进行评分，每个学生要写出课后小结和感想。

五、考核方式及成绩评定

考核方式：平时考核、期末闭卷笔试相结合的方式进行考核。

成绩评定：总评成绩 = 考勤成绩 10% + 平时考核（出勤、习题作业、论文、课堂互动）30% + 期末考试 60%。

六、推荐教材或讲义及主要参考书

1. 王瑞元，苏全生. 运动生理学［M］. 北京：人民体育出版社，2012.

2. 陆耀飞. 运动生理学［M］. 北京：北京体育大学出版社，2006.

运动心理学

中文课程名称：运动心理学；英文课程名称：Sports Psychology

一、课程简介

本课程的主要任务是简要介绍人在体育运动中心理过程的特点和规律。通过本课程的学习，使飞行大学生掌握人们在体育运动中心理过程的特点和规律，掌握进行技能训练的心理学规律，更好地调节自己的身心健康，对于飞行学生而言，心理健康、心理素质非常重要，并为将来飞行事业打下良好的心理基础。

二、教学目标

根据授课对象和运动心理学讲授内容，教学目标主要有以下四点：

1. 掌握运动心理学的基本概念，理解运动心理学的研究内容和方法。

2. 了解人的动力来源，掌握运动动机、运动唤醒焦虑与运动表现、运动归因的相关内容。

3. 了解人运动时的心理特征，学会如何树立的自信、智力和人格特征。

4. 掌握人的心理认知过程的特点人的心理技能训练的方法，掌握人在赛前心理准备和心理调节的方法。

三、教学内容

1. 运动心理学的性质和任务

（1）运动心理学概述（2）运动心理学的研究对象、内容（3）运动心理学的发展概况

重点：运动心理学的研究对象、内容、研究方法。

难点：运动心理学的发展历史。

2. 运动活动的动机

（1）运动活动动机理论（2）运动动机的培养和激发（3）动机对运动的影响

重点：运动动机的培养和激发。

难点：运动动机理论。

3. 唤醒、焦虑与运动表现

（1）唤醒、焦虑及相关概念（2）焦虑理论（3）焦虑对运动表现的影响

重点：焦虑对运动的影响。

难点：焦虑理论。

4. 运动活动的情绪与意志

（1）情绪的一般理论及运动情绪的理论（2）不同运动项目运动员良好意志品质的培养

重点：运动员良好意志品质的培养。

难点：情绪理论及运动情绪的理论。

5. 体育锻炼与心理健康

（1）体育锻炼的心理效益（2）影响体育锻炼坚持性的因素（3）体育锻炼行为的理论与干预

重点：体育锻炼的心理效益；影响体育锻炼坚持性的因素。

难点：体育锻炼行为的理论与干预。

6. 运动技能的学习

（1）运动技能概述（2）运动技能的形成过程（3）影响运动技能学习的因素（4）运动技能的学习与训练（5）运动技能迁移

重点：运动技能的形成过程；影响运动技能学习的因素；运动技能的学习与训练；运动技能迁移。

难点：影响运动技能学习的因素；运动技能的学习与训练。

7. 体育教学中学生的个体差异性

四、教学方法与习题要求

本课程教学采用课堂讲授和讨论法相结合。主要采用课堂讲授进行教学，针对一些开放性的问题组织学生讨论，提高学生的学习兴趣和教学参与意识。课堂教学过程中，提倡学生自主性学习，除课堂教学和讨论外，还将安排一些开放性的作业和自学导读等。在课堂教学过程中，还将引导学生运用心理学批判思维的方式去积极学习，即分清情况因果关系，提出假设，做出决策，以批判性的分析问题，使学生掌握一些批判思维的方式和技巧。

五、考核方式及成绩评定

考核方式：考核采用平时考核成绩与期末考试成绩相结合来评定学生的学习效果。期末笔试考试以闭卷为主。

六、推荐教材或讲义及主要参考书

1. 张力为等主编．运动心理学［M］．上海：华东师范大学出版社，2003.

2. 季浏主编．体育心理学［M］．北京：高等教育出版社，2006.

3. 马启伟主编．体育运动心理学［M］．杭州：浙江教育出版社，1998.

运动营养学

中文课程名称：运动营养学；英文课程名称：Sports Nutrition

一、课程简介

《运动营养学》是运用营养学知识为运动训练、比赛或体育锻炼提供膳食指导的一门应用学科，具有较强的实用价值。本课程主要结合飞行大学生未来职业特点对身体体能的要求和维持飞行所必需的营养供给，介绍了营养学基本知识、不同健身人群、不同运动能量消耗特点和营养需求特点，以及运动营养学相关科研前沿知识。通过本课程学习，使学生了解和掌握基本营养知识并能指导不同人群运动锻炼期间及日常训练膳食营养安排，确保运动营养供给。

二、教学目标

通过本课程的学习，使学生掌握运动营养的一般原理、基础知识和基本方法，了解在运动锻炼或比赛前、中、后等不同阶段的营养需求，通过科学的营养措施指导不同健身人群促进健康体适能、提高自身的运动能力。

三、教学内容

1. 运动营养学基础；健身运动的合理营养

（1）运动与营养素（2）运动与能量平衡（3）合理营养（4）不同健身运动者膳食营养（5）不同专项锻炼者膳食营养特点

重点：营养与营养素的概念；运动与能量平衡；食物分类；平衡膳食宝塔；健身运动者合理膳食安排原则。

难点：能量的摄入与消耗计算；不同健身项目锻炼者膳食营养特点。

2. 健身人群膳食营养

（1）增强肌力人群（2）减脂人群（3）亚健康人群

重点：不同健身人群膳食营养安排。

难点：不同健身人群物质代谢特点及营养需求特点。

3. 运动时的膳食营养

（1）运动膳食制定基本原则（2）不同项群运动膳食安排（3）专项运动膳食

重点：部分项群运动员的膳食安排：营养生化监控系统的内容和应用。

难点：专项运动膳食安排。

4. 常见的运动营养补充剂；运动营养状况评定

（1）促进能量代谢（2）促进疲劳消除和恢复体能（3）减轻或控体重（4）功能性食品（5）营养状况人体测量学评价

重点：促进疲劳和体能恢复的运动营养补充剂；运动膳食营养调查与评价。

难点：运动员营养状况的人体测量学评价。

四、教学方法与习题要求

课堂教学依托多媒体,采用"问题式""研讨式"等教学方法,学生进行分组讨论,以提高学生的学习兴趣,体现学生主体地位。每学时安排1次作业,作业形式:课堂回答、课后练习、写小论文等形式,要求每次布置的作业按优、良、及格的等级打分。

五、考核方式及成绩评定

1. 考核方式

考勤成绩:平时成绩由任课教师根据学生出勤情况打分。

平时成绩:包括平时作业、课题讨论、小论文等。

期末成绩:开卷或闭卷形式。

2. 成绩评定

总评成绩100% = 考勤10% + 平时成绩30% + 期末成绩60%。

六、推荐教材或讲义及主要参考书

1. [美]威廉姆等著. 运动与营养 [M]. 荫士安主译. 北京:人民卫生出版社,2011.

2. 张钧,张蕴琨. 运动营养学 [M]. 北京:高等教育出版社,2010.

体育保健与康复

中文课程名称:体育保健与康复;英文课程名称:Physical Health Care and Rehabilitation

一、课程简介

体育保健与康复是研究人体在体育运动过程中保健康复规律与措施的一门新兴的综合性的应用科学。从卫生保健学的角度去研究不同的体育运动形式与环境对人体所带来的不同影响,以及人体对体育运动所表现出的反应与适应,以此来寻找适合个体的最佳运动方式,保证人体健康。主要教学目标为使飞行学生在运动解剖学和运动生理学基础上,掌握在运动创伤的预防处理及伤后训练康复的知识和技能，提高学生理论水平和实践能力。

二、教学目标

通过本课程的学习，学生能运用相关的运动人体科学基础理论及卫生学等基础知识和技能，研究体育运动参加者的身体发育、健康状况和运动训练水平，为科学合理的安排体育教学、运动训练与竞赛，提供科学依据并予以医务监督和指导。在此基础上，研究影响体育运动参加者身心健康的各种外界环境因素并制定相应的体育卫生措施，研究常见运动性伤病的发生，发展规律以及防治措施，研究伤病后的训练以及多种疾病的体育康复的手段与方法。

三、教学内容

1. 健康概述

（1）现代健康观（2）现代体育的健康观（3）运动对个体健康的影响

重点：健康的概念。

难点：运动对个体健康的影响。

2. 体格检查

（1）体格检查的方法（2）体格检查的内容（3）体格检查的形式（4）检查中几个问题的医学分析

重点：体格检查的方法、内容。

难点：体格检查中几个问题的医学分析。

3. 运动性疲劳

（1）运动性疲劳概述（2）判断运动性疲劳的简易方法（3）消除运动性疲劳的方法

重点：运动性疲劳的消除方法。

难点：运动性疲劳产生的原因。

4. 运动性疾病

（1）过度训练（2）运动应激综合征（3）晕厥（4）运动员贫血（5）运动中腹痛（6）肌肉痉挛（7）运动性血尿（8）运动性血红蛋白尿（9）

运动性中暑（10）冻伤（11）运动性脱水（12）运动性猝死

重点：过度训练、运动性脱水、运动员贫血。

难点：各种运动性疾病产生原因和预防。

5. 运动损伤概述；运动损伤的病理和处理

（1）运动损伤的概念与分类（2）运动损伤的直接原因（3）运动损伤的预防（4）开放性软组织损伤的处理（5）闭合性软组织损伤的病理与处理

重点：运动损伤的直接原因；运动损伤的病理。

难点：运动损伤的发病规律和潜在原因；运动损伤的病理和处理。

6. 常见运动损伤

（1）软组织挫伤（2）肌肉拉伤（3）关节韧带损伤（4）滑囊炎（5）腱鞘炎（6）疲劳性骨膜炎（7）拔罐疗法（8）按摩疗法（9）伤后康复锻炼

重点：软组织挫伤、肌肉拉伤、拔罐疗法、按摩疗法。

难点：各种损伤的判断、处理、伤后康复锻炼。

四、教学方法与习题要求

本课程在教学形式上主要采用启发式、讨论式、研究式教学方法，结合学生运动实践进行本课程的讲授。

五、考核方式及成绩评定

考核方式：平时考核、实践考核和期末闭卷笔试相结合的方式进行考核。

成绩评定：总评成绩＝平时考核（出勤、习题作业、论文、课堂互动）10%＋实践考核30%＋期末考试60%。

六、推荐教材或讲义及主要参考书

1. 黄力平. 体育康复［M］. 北京：高等教育出版社，2010.

2. 姚鸿恩. 体育保健学［M］. 北京：高等教育出版社，2006.

第二节　航空体育课程设计——航空体育体能项目

民航飞行员具有特殊的职业性质，所以要求民航飞行员在身体素质和心理素质等诸方面都应该有优于普通人的特点。比如人体的力量、速度、平衡能力、耐力、快速反应能力、灵敏性、身体协调能力等。在大学期间，飞行大学生进行体能训练的目的主要是为了使飞行大学生具有强健的体魄，增强灵敏性、协调性等体能和素质。而这些体能素质的获得，需要通过系统、科学的体能训练。从这个意义上讲，拥有良好或者优秀的体能素质，是飞行员从事其他文化学习或者技能学习的基础。

发展飞行大学生体能主要运用田径运动中的项目及训练方法，针对速度、力量、柔韧与协调、耐力、弹跳等有计划、有设计地开展。

田径运动

中文课程名称：田径；英文课程名称：Track and Field

一、课程简介

田径运动是人们用于竞技和健身的最基本的身体活动，它由走、跑、跳、投等基本运动形式组成，从竞技角度讲，它是奥运会中金牌最多的项目，有"得田径者得天下"的美称。从健身角度讲，它是人们提高身体机能水平的最简易的运动形式，它可以全面发展人们的各个器官、系统的功能，全面发展人们的综合身体素质，改善人们的生活质量，提高人们的心理适应能力，它还可以培养人们良好的思想道德品质，使人们具有竞争和吃苦耐劳的优良品质。

二、教学目标

1. 通过田径课程教学，使学生较好地掌握本课程中的基本理论部分，较好地掌握技术部分中的重点内容，对一般内容要求基本符合规定的技术规格，具备基本的教学和示范能力。

2. 通过田径课程教学、教育实习及社会实践，使学生具备分析问题和解决问题的能力，并对技术部分的重点内容做到会讲、会做、会教，能够胜任田径运动教学和业余田径运动训练工作。

3. 通过田径课程教学和裁判实习，使学生具备田径运动比赛裁判工作的能力，并具有组织基层田径运动会及场地管理工作的能力。

三、教学内容

1. 理论部分

（1）田径运动概述

田径运动的分类与内容，田径运动在体育运动中的地位和作用，田径运动的起源与发展。

（2）田径运动技术原理

①概述；②走、跑的技术原理：走、跑的概念与周期的划分，跑的力学分析，决定跑速的因素；③跳跃技术原理：跳跃的概念与阶段划分，跳跃运动的力学分析，决定跳跃高度的几个组成部分，决定跳跃远度的几个组成部分，决定撑竿跳高高度的组成部分；④投掷技术原理：投掷的概念与阶段划分，投掷运动的力学分析，决定投掷远度的因素。

重点及难点：田径各项目技术组成及其关键技术分析

2. 技术部分

（1）短距离跑

短距离跑发展概况及技术特点，短距离跑的竞赛规则，蹲踞式起跑与起跑后的加速跑（直道与弯道），途中跑（直道与弯道），终点冲刺跑与撞线，全程跑，短距离跑的教学与训练法，短跑的专门练习。

（2）跨栏跑

跨栏跑发展概况与技术特点，跨栏跑竞赛规则，蹲踞式起跑与第一栏前的加速跑，跨栏步技术（直道与弯道），栏间跑技术（直道与弯道），终点冲刺跑和全程跑（男 110 米栏，女 100 米栏），跨栏跑的教学与训练法，跨栏跑的专门练习。

（3）跳高

跳高的发展概况与技术特点，跳高比赛规则，背越式跳高助跑路线的丈量与方法，背越式跳高起跳、过杆与落地技术，完整技术，背越式跳高的教学与训练法，背越式跳高的专门性练习。

（4）跳远

跳远发展概况与技术特点，跳远竞赛规则，助跑的方法与丈量，起跳技术，腾空技术（蹲踞式、挺身式和走步式），落地缓冲，完整技术，跳远的教学与训练方法，跳远的专门练习。

（5）推铅球

椎铅球的发展概况与技术特点，推铅球比赛的规则，握持球方法，预备姿势与滑步技术，最后用力与维持身体平衡，完整技术，推铅球的教学与训练方法，推铅球的专门练习。

（6）中长距离跑

中长距离跑的发展概况与技术特点，中长距离跑的竞赛规则，站立式起跑与起跑后的加速跑，途中跑、终点跑，全程跑（男 1500 米、女 800 米），中长距离跑的教学与训练方法。

（7）接力跑

持棒起跑；4×100 米接力跑传接棒技术（上挑式、下压式），4×100 米接力跑接棒人起动标志线的确定与起动方式，4×400 米接力跑传接棒技术，全程接力跑，接力跑竞赛规则。

四、教学方法与习题要求

主要采用探究式、讨论式和参与式教学方法，提高学生的积极性，"以学为主"。以一个田径技术为学习单元，每一个学习单元结束要求学生查找该技术的发展趋势并以此写一篇小论文。

五、考核方式及成绩评定

考核方式：考试

成绩评定：考核分为第一和第二学期，第二学期为理论结业考试。

第一学期总评 = 平时 30% + 技术（技评 50% + 达标 50%）×70%。

第二学期总评 = 平时 30% +（理论 20% + 实践 80%）×70%。

六、推荐教材或讲义及主要参考书

1. 张贵敏．田径运动教程［M］．北京：人民体育出版社，2007.

2. 张鸿江．田径教学［M］．北京：高等教育出版社，2012.

附：田径运动训练方法

一、速度练习

1. 反应速度练习方法

（1）起动追拍：两人一组前后相距 2～3 米慢跑，听到信号开始加速跑，后者追前者，追上并拍击他背部就停止，要求在 20 米内追上有效。也可在追赶时，教练发出第二个信号，让其后转身互换追赶。

（2）快速起跳：练习者围圈（直径 8 米左右）面向圈内站立，圈内 2 人背对背站立在圆心，各持一 4 米长跳高竿。游戏开始，2 名持竿者同时将竹竿绕过站圈人脚下划圆（一逆时针方向转动，一顺时针方向转动），竿经练习者脚下即起跳，击到脚者为失败者并迅速替换持竿者，练习中持竿者可突变划圈方向，训练其反应。

（3）报数找伙伴：练习者绕圈跑，听教师报数，并快速按照教师的报数进行组合，不符合组合人数者为失败。

（4）追逐游戏：两人相距 1.5 米面向站立，根据教师规定的队单、队双（或其他信号），并规定队单、队双一队跑一队追，听到教师发出口令后，按照事先的规定一队跑一队追，在 15～20 米左右距离内追上为胜，追不上为败。

（5）两人拍击：两人面向开立，听到开始口令后，设法拍击对方肩部、背部、膝关节等，同时力求不使对方击中自己，在规定时间内（每次 1′左右），拍击对手多者为胜。

（6）抢球游戏：用实心球围成一个圆圈，球数比练习人数少一，游戏开始练习者绕球圈外慢跑，听到信号各人就近抢球谁没有抢到被淘汰，并去掉一球继续进行，每进行一轮成功者得一分，看谁得分多为胜。

（7）喊做不一：学生成横排站立，集中精力听教师口令，教师喊立正，练习者做稍息；喊向左转、练习者做向右转等。

（8）听信号起动加速跑：慢跑中听信号后突然加速冲跑 10 米，反复进行。

（9）小步跑、高抬腿跑接起动加速跑：原地或行进间做小步跑或高抬腿跑，听到信号后突然加速冲跑 10 ~ 20 米，反复练习。

（10）俯撑起跑从俯撑开始，听信号后迅速收腿起跑 10 ~ 20 米。

（11）转身起跑：背对前进方向站立，听信号后迅速转体 180 度，起动加速跑 20 米。以上练习一般每组练习 2 ~ 3 次，重复 2 ~ 3 组，组间休息 5 ~ 7′。

（12）听枪声及口令起跑：蹲踞式或站立式起跑 20 米。组数及每组次数根据运动员水平而定，组间休息 5 ~ 8′。

（13）听信号变速快跑：在慢跑或其他移动中，听口令或看信号即起动快跑 10 ~ 20 米，练习组数、次数及休息同前。

（14）反应突变练习：练习者听各种信号做各种滑步、上步、交叉步等移动、转身、急停、接球、上步垫球等模仿练习。

（15）听信号做不同的专门练习：非专门练习编号，听号数做不同的练习。

（16）接传不同方向的来球练习：几人从不同方向给一人供传球，一人接不同方向的来球。

（17）抢接球练习：5 人成一排，教练身后向前抛球，练习者见球后快速起动抢接球。

（18）截断球练习：教练供不同方向的球，练习者随时起动断球。

（19）利用电子反应器练习：根据不同的信号灯，用手或脚压电扣，记反应时等。

2. 动作速度

（1）听口令、击掌或节拍器摆臂：两脚前后开立或弓箭步，根据口令或击掌或节拍器节奏，做快速前后摆臂练习20″左右，节奏由慢至快，快慢结合。摆臂动作正确、有力。重复2~3组，组间休息3~5′。

（2）原地快速高抬腿或支撑高抬腿：站立或前倾支撑肋木或墙壁等，听信号后做高抬腿10~30″，大腿抬至水平，上体不后仰。可重复练习4~6次，间歇5~7′。

（3）仰卧高抬腿：仰卧两腿快速交替作高抬腿练习（动作同上），要求以大腿工作。做10~30″，练习次数及间歇同上。这练习也可做抗阻力练习，如拉胶皮带，将胶皮带分别固定在肋木（或树干）上和两脚踝关节处，以高抬腿拉力抗阻力，胶带固定的一端要低于垫子平面约20厘米，也可拉完胶带后再徒手练习，以提高动作速率。

（4）悬垂高抬腿：两手握单杠成悬垂，两腿快速交替做屈膝高抬腿和下蹬伸直动作，速度越快越好。每次两腿各抬20~50次，重复2~3组，组间歇3~5′。

（5）快速小步跑：小步跑15~30米，两腿频率越快越好。要求以大腿工作，小腿放松，膝踝关节放松，脚落地"扒地"。重复4~6次，间歇5~7′。

（6）快速小步跑转高抬腿跑：快速小步跑5~10米后，转高抬腿跑20米。小步跑要放松而快，转高抬腿跑时频率不变，只是幅度加大。重复3~5次，间歇同上。

（7）快速小步跑转加速跑：快速小步跑10米左右转入加速跑。加速跑时频率节奏不能下降，跑出20~30米放松。重复次数及间歇同上。

（8）高抬腿跑转加速跑：快速高抬腿跑10米左右转加速跑，频率节奏及前摆腿的高度不能下降。重复次数及间歇同上。

（9）变速高抬腿跑：行进间高抬腿跑中突然做几次最快速的高抬腿练习。动作要协调，重复 4~6 次，间歇 5′左右。

（10）高抬腿跑接快速车轮跑：原地快速高抬腿 5~10″，接车轮跑 15 米。3~5 次为一组，重复 2~3 组，组间歇 7~10′。

（11）前倒起跑：两脚前后开立，身体自然向前倾倒，至重心前倒失去控制时迅速起跑 20~30 米。每组 2~3 次，重复 2~3 组，组间歇 5~7′。

（12）踏标记高频快跑：跑道上划出步长标记，听信号后全速踏标记跑 20~40 米。步长标记要合适（一般比正常步长稍短些）。每组 2~3 次，重复 2~3 组，组间歇 5′。

（13）利用转动跑道高频跑：利用机械控制速度的转动跑道进行高频跑，速度控制在比运动员的速度稍微快些（运动员实际是原地跑）每次练习 10~15″，每组 2~3 次，重复 2~3 组，组间歇 8~10′。

（14）跨步跳接跑台阶：开始跨步跳台阶，听信号后变快速跑台阶。要求逐个台阶跑，不许跨越，速度越快越好。如台阶数目固定可以计时跑。每组 5~7 次，重复 2~3 组，组间歇 3~5′。

（15）肋木前攻栏练习：面对肋木站立，起跨腿蹬地同时，摆动腿快速前摆，同时异侧臂前摆与摆动腿的脚掌一起落在横木上。要求起跨充分向前蹬地，不能离地，强调攻摆速度。连续进行 10~20 次为一组，重复 2~3 组，组间歇 5′。

（16）扶肋木跨栏角：肋木前放置一栏架，离木约 80~100 厘米，面对肋木站栏侧，手扶肋木躯干前倾。做快速提拉起跨腿从栏角过栏。强调动作正确，提拉速度要快。连续进行 15~20 次为一组，重复 3~5 组，组间歇 5′。

（17）小步跑跨栏角：10~12 米内放置 5 个栏，在快速小步跑中摆动腿在栏侧做过栏动作，起跨腿跨过栏角过栏。频率越好越好，上下肢配合协调，每组 3~4 次，重复 3~5 组，组间歇 5~7′。

（18）高抬腿跑跨栏角：栏架及栏间距同上，在快速高抬腿跑中跨栏角过栏。动作要求及练习次数同上。

（19）连续跨栏跑：放 5 ~ 6 个低栏，栏间距 1.5 ~ 2 米，做快速连续过栏练习。要求动作速度快，节奏清楚，过栏动作正确。每组 5 ~ 7 次，重复 2 ~ 3 组，组间歇 7 ~ 10′。每次计时跑。

（20）腾空剪腿：快速助跑 3 步起跳，腾空后摆动腿，大腿高摆至髋关节水平，然后积极下压，同时起跳腿向前上摆，两腿在空中快速交叉换步，以摆动腿落地。要求空中动作速度越快越好。每组 7 ~ 10 次，重复 2 ~ 3 组，组间歇 3′。

（21）听节拍器或击掌助跑起跳：按节拍器或击掌的节奏快速助跑，5 ~ 7 步起跳，以腾空步落地。要求助跑好最后两步，再加速起跳，起跳速度起快越好。每组 7 ~ 10 次，重复 2 ~ 3 组，组间歇 3 ~ 5′。

（22）加速助跑起跳：全程助跑跳远，起跳前 10 ~ 20 米时加速跑，起跑后做蹲踞式跳远落地。要求全速中起跳，起跳果断。重复 7 ~ 10 次，间歇 5′。

（23）侧跳台阶：侧对台阶站立，两腿前交叉做侧跳台阶动作，快速连续做，上体不要摇摆。每组进行 3 ~ 5 次，重复 2 ~ 3 组，组间歇 3′。

（24）左右腿交叉跳：在一条线上站立，沿着线两腿向左、右两侧方向做交叉跳 20 ~ 30 米，要求交叉跳时大腿高抬，快速转髋，动作速度越快越好。重复 4 ~ 6 次，每次间歇 3′。

（25）向后单足跳：站立，两臂前平举，做向后快速单足跳 10 米，放松走回。要求跳动时由摆动腿发力，动作频率越快越好。重复 4 ~ 7 次，可计时进行。

（26）上两步转身推铅球：背对投掷方向站立，右手持铅球，左腿向前迈一步，接着右腿前迈屈膝，重心移到右腿，迅速蹬转右腿，向左转体将球推出。要求转体快、出手速度快。球重 2 ~ 3 千克，每组练习 7 ~ 10 次，重复 2 ~ 3 组，组间歇 3′。

（27）交叉步推铅球：侧对投掷方向，右手持铅球于肩上，右腿向左前方迈出，做快速交叉步推球。要求交叉步动作要快，推球出手速度越快越好。每组 7～10 次，重复 2～3 组，组间歇 3′。

（28）对墙掷棒球：运用掷标枪交叉步助跑，快速发挥臂将球向墙上掷出。要求技术正确，出手速度快，重复练习 10～20 次，每次间歇 2′。

（29）投掷铁球：直臂于体后，成掷标枪的引枪姿势。向前三步将球快速掷出。要求出手速度及鞭打动作。铁球重 0.3～0.5 千克。每组练习 5～7 次，重复 2～3 组，组间歇 5′。

（30）掷铁棒：面对投掷方向，手持细铁棒，做掷铁饼的旋转动作后出手练习。要求旋转和出手速度越快越好。铁棒长 40 厘米，重不超过 0.5 千克。连续练习一组 5～10 次，重复 2～4 组，组间歇 5～7′。

（31）快速拨饼：站立，左臂前举，右手持铁饼，右臂往后摆拗 1 次，运用掷铁饼技术将铁饼快速掷出。要求用小指到食指依次用力拨饼，速度越快越好。每组 10～20 次，重复 2～3 组，组间歇 7′。

（32）徒手或轻器械做各种投掷的原地及完成的技术练习。

（33）跳起屈体：原地分腿上跳，同时体前屈手触脚尖。连续跳 5～10 次。要求动作速度越快越好，可计时进行。重复 3 组，每组间歇 5′。

（34）纵跳转体：原地跳起转体 360°，落地连续进行 10～20 次，可计时进行。强调转体，速度要快，不要求跳得高。重复 2～3 组，组间歇 5′。

（35）起跳快速转体：三步助跑起跳，摆动腿屈膝上摆，空中转体 180～270°，起跳腿落地。要求起跳、转体速度越快越好，转体时躯干保持直。连续进行 3～5 次为一组，重复 3～5 组，组间歇 3′。

（36）单杠弧形摆下：单杠上成正撑，上体后倒，做正撑弧形前摆转体 180°跳下。要求前摆转体速度越快越好。每组 5～8 次，重复 2～3 组，组间歇 5′。

（37）吊绳支撑转体：面对吊绳站立，吊绳后放置一个高跳箱，三步助跑起跳手抓吊绳，收腹举腿，脚放在跳箱上，做快速支撑转体 180°。要求整套动作快速、连贯。每组 5 次，重复 3～5 组，组间歇 5′。

（38）跳抓吊绳转体：面对吊绳站立，全速助跑起跳后双手抓吊绳，做后仰收腹举腿，转体180°跳下。要求节奏清晰，动作快速，重复10~15次，每次间歇3′。

（39）起跳悬垂摆体：手持撑竿，助跑7步插穴起跳，迅速做悬垂体后仰举腿动作。每组5~7次，重复3~5组，组间歇3′。

（40）快速挥臂：站立，头上方悬吊重沙袋。做原地扣排球动作，快速挥臂拍击沙袋30次，重复3~5次，每次间歇5~7′。

（41）快速挥臂击球：把排球吊在距墙1米处，高度因人而宜。原地站立，连续挥臂用手掌拍击碰墙反弹回来的球。要求速度越快越好，击球时做出鞭打动作。每一组20~30次，重复2~3组，组间歇7~10′。

（42）转身起跳击球：吊球悬挂在距墙3米处，高度因人而宜，原地起跳用手击吊球后空中转体180°落地，接着转身起跳击球，连续进行5~10次为一组，重复3~5组，组间歇5′。

（43）扣快球：一人网前站立，按一定节奏往上抛球，另一人连续起跳扣快球练习。连续进行10~15次为一组，重复2~3组，组间歇7~10′。

（44）起跳侧倒垫球：排球网前站立，听信号后双脚起跳摸网上高物，落地后迅速倒地垫起教练员扔过来的低球。连续进行10次为一组，重复3~4组，组间歇7~10′。

（45）快速挡球：两人一组，相对5米站立，准备排球20个。一人快速抛出各种变化球，另一人用双臂迅速将来球挡回。连续进行30~50次为一组。尽量提高抛、挡球的动作速度。重复2~3组，组间歇5′。

（46）两侧移动：两个物体相距3M，高1.20米，练习者站中间，做左右两侧移动，用左手摸右侧的物体，右手摸左侧的物体。强调移动及转体速度要快，计算30″内转体触摸物体的次数。重复3~4次，每次间歇5~7′。

（47）对墙踢球：距墙4~6米站立，以脚内侧或正足背连续接踢从墙上反弹回来的球。也可两人交替踢。要求踢球速度越快越好。连续练习20~30″，计踢球次数，重复3~5组，组间歇5~7′。

（48）曲线带球：每人一球，在30M内插上10根旗杆，用脚内外侧快速

带球依次绕过旗杆返回起点，要求带球速度越快越好，可计时进行。重复
5~7次，每次间歇6′。

（49）两脚间交替踢球：站立，两脚间放一足球，用脚内侧做两脚间不
停顿地踢球前进，连续进行30米。要求用时短而且两脚触球次数越多越好。
重复4~8次，每次间歇5′。

（50）移动打球：6人站成相距2米的等边六角形，5人体前各持一篮
球，听信号后徒手队员快速移动循环拍打站立者手中的球。每次移动打球20
次，计算完成时间，依次进行。每人完成两次循环为一组，重复2~3组，组
间歇3~5′。

（51）快速移动起跳：篮板左下角站立，跳起双手摸篮板，落地后迅速
移到篮板右下角起跳摸篮板。连续移动起跳，10次为一组，重复2~3组，
组间歇5~7′。

（52）运球绕障碍：篮球场上纵向放置5个障碍物间距2米，听信号后
做快速运球绕过障碍物往返跑，可以竞赛方式计时，不得触碰障碍物。每组
往返2~3次，重复3~5组，组间歇5~7′。

（53）移动断球：两名队员相距6米站立，做快速不间断传球。中间一
名防守者在移动中断球，如得到球后将球传给传球者。连续30~50″为一组，
计算断球次数。重复2~3组，组间歇5′。

（54）对墙单手拍球：持球对墙站立，对墙快速拍球20~30″为一次，要
求在规定时间内数拍球次数，频率越快越好。每组2~3次，重复2~3组，
组间歇5~7′。

（55）快速传接球：两人相距6米站立，做快速胸前传接球。要求传接
球技术正确，传球速度越快越好。每组20~30″，计算传球次数。重复3~5
组，组间歇3~5′。

（56）快速体侧传接球：两人相距3~4米站立，用2~3个篮球，按顺
时针方向，做快速体侧单手传接球练习。连续进行30″为一组，重复3组，组
间歇5′。

（57）上步后撤步移动：乒乓球台端线站立，根据对面教练长短球手势做上步和后撤步的步法移动，要求移动速度越快越好。移动30″，重复 3~5次，每次间歇5′。

（58）交叉步移动：乒乓球台端线站立，听信号后左脚迅速向右侧跨一步连做折臂打球动作，右脚迅速向左侧做同样动作。要求左右移动20″，移动速度越快越好。重复 2~3组，每组间歇4′。

3. 位移速度

（1）小步跑转加速跑：行进间快频率小步跑，听到信号后转加速跑20~30米。要求起动快，在高速下完成练习。每组 2~3次，重复 2~3组，组间歇 5~7′。

（2）高抬腿跑转加速跑：行进间快频率高抬腿跑，听信号后转加速跑，要求高抬腿，动作规范，频率逐渐加快，加速跑时频率不变。每组 2~3次，重复 2~3组，组间歇 5~7′。

（3）快速后蹬跑：慢跑 5~7步后，做行进间快速后蹬跑20~30米。要求蹬摆协调，后蹬充分向前。每组练习 3~4次，重复 2~3组，组间歇 7~10′。

（4）后蹬跑变加速跑：行进间后蹬跑20米，听信号后变加速跑20~30米。要求后蹬动作规范，用力方向向前，加速跑速度越快越好。重复 2~3次为一组，重复 2~3组，组间歇 7~10′。

（5）单足跳变加速跑：开始做 10~15米单足跳，听信号后变加速跑20~30米。要求以左右脚各做一次练习后变换，加速跑要达到最快速度。每组 2~4次，重复 2~3组，组间歇 5~7′。

（6）交叉步接加速跑：先做 5 米交叉步跑，然后转体做加速跑20米。要求交叉步符合技术规格，动作协调，加速跑要发挥速度。每组 2~3次，重复 2~3组，组间歇 5~7′。

（7）加速跑变交叉步跑：加速跑20米接交叉步跑5米。要求加速跑达到一定速度，交叉步符合规格，动作协调。每组 2~3次，重复 2~3组，组间歇 5 ~ 7′。

（8）倒退跑接加速跑：向后做倒退跑，听信号后急停向前加速跑。要求加速跑要发挥高速度，也可计时进行。每组 3 ~ 5 次，重复 3 ~ 5 组，组间歇 5′。

（9）加速跑：逐渐加速至最高速度后保持一定距离，然后放松跑。加速跑 50 米、80 米、100 米，每组 3 ~ 5 次，重复 2 ~ 3 组，组间歇 5 ~ 10′。

（10）连续加速跑：逐渐加速跑至最高速度，然后随惯性高速度跑 3 ~ 4 步后随惯性放松至慢跑后再加速跑，连续练习。（一般为 30 米加速跑，保持高速跑 5 ~ 8 米，放松跑 15 ~ 20 米，然后第二次加速跑）。每组 2 ~ 3 次，重复 2 ~ 3 组，组间歇 5 ~ 7′。

（11）变向起跑：背向站立或背向蹲立，听信号后迅速转体 180° 成半蹲式起跑，加速跑 20 ~ 30 米。要求转体动作迅速，起跑及加速跑速度快。每组 2 ~ 3 次，重复 2 ~ 3 组，组间歇 5 ~ 7′。

（12）站立式起跑、半蹲式或蹲踞式起跑：跑 20 米、30 米、50 米、60 米，要求动作规范，起动及加速跑速度要快，达到最高速度。可计时跑，每组 3 ~ 4 次，重复 3 ~ 4 组，组间歇 5 ~ 10′。

（13）行进间跑：加速跑 20 ~ 30 米，在到达规定行进间的距离前达最高速度，在规定距离内保持最高速度跑，跑出规定距离后随惯性放松至慢跑，行进间距离可 20 米、30 米、50 米、60 米、80 米、100 米等。一般计时进行。每组 2 ~ 3 次，重复 2 ~ 3 组，组间歇 5 ~ 10′。

（14）重复跑：以 95% 或以上的速度，重复多次跑短于专项的距离。也可以重复跑一组不同的距离。每组 3 ~ 5 次，重复 2 ~ 3 组，组间歇 10′。

（15）变速跑：加速快跑 30 米、50 米或 80 米，然后放松慢跑 30 米、50 米或 80 ~ 100 米。或直道加速快跑弯道慢跑，或弯道快跑直道慢跑等，是改变速度的跑。要求慢跑休息，不能走。每组 4 ~ 6 个变速段，重复 3 ~ 5 组，组间歇 7 ~ 10′。

（16）变速越野跑：在公路、公园等自然环境中进行越野跑，或慢跑游戏在平坦地面进行不等距离加速快速跑。根据自然环境及运动员水平决定加速距离及次数。一般为 5 ~ 10 次快跑段较适宜。

（17）上坡跑：站立式起跑后上坡加速跑 40 米、60 米、80 米。在坡度为 7 ~ 10°的斜坡跑道上进行。要求大腿高抬加强后蹬力量。每组 3 ~ 5 次，重复 2 ~ 3 组，组间歇 5 ~ 7′。

（18）起跑下坡跑：站立式或蹲式起跑沿 7 ~ 10°的斜坡跑道下坡跑 30 ~ 60 米。要求随下坡惯性积极加快频率及速度。每组 3 ~ 5 次，重复 2 ~ 3 组，组间歇 5 ~ 7′。

（19）上下坡跑：听信号起跑后沿 7 ~ 10°的斜坡跑道全速上坡跑 30 米，接转身下坡跑 30 米返回为一组，重复 3 ~ 5 组，组间歇 5′。

（20）顺风跑：顺风全速跑（或蹲踞式起跑）30 米、60 米，可计时跑。要求积极加快步频。每组 3 ~ 5 次，重复 2 ~ 3 组，组间歇 5 ~ 7 米。

（21）牵引跑：用绳子拴住练习者的腰部，另一端拴在牵引器上，做 20 ~ 60 米跑练习。注意牵引速度要符合运动员水平。每组 2 ~ 3 次，重复 2 ~ 3 组，组间歇 5 ~ 7′。

（22）让距追赶跑：两至三人一组，根据速度水平前后拉开距离，速度快者在前，听信号站立式起跑后全速跑，后者追赶前者，前者别让后者追上。跑 20 米、50 米。每组 2 ~ 3 次，重复 2 ~ 3 组，组间歇 5 ~ 7′。

（23）接力跑：8 × 50 米接力跑，4 × 100 米接力或绕田径场连续循环接力跑，也可划 20 米半径折小圆进行圆圈接力跑。每组 2 ~ 3 次（传接棒），重复 2 ~ 3 组，组间歇 5 ~ 7′。

（24）让距接力跑：方法同上，则一队在里道、一队在外道（起跑不前伸距离）绕田径场进行接力跑比赛。每组 2 ~ 3 次，重复 2 ~ 3 组，组间歇 5 ~ 7′。

（25）迎面接力跑：两组练习者相距 20 米或 50 米，做往返迎面接力跑，可分几队进行比赛。每组 3 次，重复 2 ~ 3 组，组间歇 5 ~ 7′。

（26）跑动中接力跑：中速跑中听信号后做冲刺跑 20 米，反复进行。每组 3~5 次，重复 3~5 组，组间歇 5~7′。

（27）踏标记跑：用海绵砖在跑道旁做上步长标记，间距根据需要而定，全速踏标记跑 20~40 米。要求步长稳定，踏标记准确。每组 2~3 次，重复 2~3 组，组间歇 5′。

（28）固定步数跑：用事先规定的步数跑 30~50 米加速跑，要求步点准确，动作幅度大而快，可计时进行。每组 4~5 次，重复 2~3 组，组间歇 5′。

（29）按标记快速助跑：在助跑路线上放置全程标记或最后几步标记，踏标记快速助跑起跳。要求步点准确，发挥出最大速度。重复 3 次为一组，进行 2~3 组，组间歇 5′。

（30）快速弧线跑：按背越式跳高助跑弧线，划 1 米圆弧线，沿弧线快速跑。要求两脚落点必须在弧上，按弯道跑技术规格进行。每组 3 次，重复 2~3 组，组间歇 2′。

（31）全速跑楼梯：听信号起跑，全速往返跑 3~4 层楼的楼梯。要求不能扶手，上下超越台阶，每组往返 2~3 次，重复 2~3 组，组间歇 5′。

（32）五步过栏跑：按标准栏间距或稍长些距离放置 5 个栏，听信号后快速起跑，栏间快频跑 5 步跨栏，要求保证 5 步过栏，过栏技术符合规范。每组 3~4 次，重复 2~3 组，组间歇 5~7′。

（33）变化栏间距跑：设 8~10 个栏架，依次缩短栏间距离。起跑后以全程跨栏跑，要求逐渐提高栏间跑速度，过栏技术符合要求。每组 2~3 次，重复 2~3 组，组间歇 1′。

（34）栏间标记跑：按标准栏间距设 5 个栏架，栏间按步点放置海绵标记，快速按标记跨栏跑。要求注意跑的节奏及过程技术规范，栏高为低栏。每组 5~7 次，重复 2~3 组，组间歇 5′。

（35）不等栏高跨栏跑：把 10 个栏架依次由低至高摆放，间距相同，听信号后全速跨栏跑，要求跑速越快越好，过栏技术正确。每组 2~3 次，重复 2~3 组，组间歇 7~10′。

（36）放倒栏架跑：按标准栏间距放倒 10 个栏架，听信号后全速跑跨全程栏，栏间 3 步过栏。要求栏间跑速快。每组 2～3 次，重复 2～3 组，组间歇 5～7′。

（37）起跑过 1～3 栏：标准栏高、栏间距，听信号蹲跨式起跑过第 1 栏，及过 1～3 栏。要求速度越快越好。每组 3～5 次，重复 3～5 组，组间歇 5′。

（38）全速跑半程栏：标准栏高及栏间距，设 5 个栏架。听信号蹲踞式起跑，全速跑跨 5 个栏，过第 5 栏后冲刺跑撞线。注意动作节奏，技术要规格化。每组 3～5 次，重复 2～3 组，每次间歇 5～7′。

（39）摸球台移动：乒乓球台边线站立，听信号后左右来回移动用手摸球台两角。也可根据教练手势做左右移动。要求计 30 秒摸台球角次数，重复 3～5 组，每次间歇 3′。

（40）围球场变向跑：于排球场的场角站立，听到信号后围绕球场快速跑 3～5 圈，计时，要求始终保持面对一个方向（向前跑、侧向跑、后退跑、侧向跑），重复 3～5 组，每次间歇 5′。

（41）穿插跑：练习者成一路纵队行进间慢跑，每人间隔 2 米，听信号后排尾人穿插跑纵队，曲线跑至排头，倒数第二人（已成排尾）接着穿插跑。要求快速跑进中不触碰别人。循环 2 次为一组，重复 2～3 组，组间歇 5′。

（42）排尾变排头跑：练习者成一路纵队行行间慢跑，听信号后排尾人向前加速快跑至排头，第二排尾再跑，循环往复，每组两个循环，重复 3～5 组，组间歇 3～5′。

（43）蛇形跑：以 20 米半径划 3 个相交的半圆弧线，由起点沿弧线跑至终点，要求正确运用弯道跑技术，连续 3 次为一组，可计时提高运动强度。重复 2～3 组，组间歇 5～10′。

（44）后退跑传球：两人一球面对站立，相距 10 米。一人快速后退跑，另一人向前跑，两人跑动中相互传接球，连续做 60 米。要求始终保持距离，后退跑速度越快越好。两人交换练习 3 次为一组，重复 4 组，组间歇 7′。

（45）变向带球跑：6 名队员站成一排，间隔 5 米，每人一球，根据教练的手势做向前后、左右变换方向带球，最后急停，转身带球跑 20 米。要求球离脚不能超过 3 米，重复 3～5 次，每次间歇 5′。

（46）停球接运球：手持足球向前抛出，立即往前跑用脚内（外）侧停反弹球，接做快速速球跑 30 米。要求规定抛球的远度，也可竞赛方式进行。重复 5～7 次，每次间歇 3′。

（47）跑动推进传球：两人相距 7～10 米平行站立，用一个足球，按规定的脚法踢球，快速跑动推进传球 60 米。两人直线跑动，规定互传次数，计时进行。重复 3～5 组，每次间歇 5～7′。

（48）往返移动：按正方形放置 4 个球，各相距 6 米。从一个角开始依次用手去摸各角的球，每次触球后都要返回起始点，重新开始向下个球跑去。每组 3～4 个循环，重复 2～3 组，组间歇 5～7′。

（49）滚球接力：篮球场端线站立，球放在地上。信号开始用手滚动球到另一端后返回，手递手将球传给第二人，依次进行。要求球不能离开地面，以竞赛方式计时进行。每组往返 3～5 次，重复 2～3 组，组间歇 5′。

（50）起跳冲跑：篮下站立，听信号后连续起跳，手摸篮板 5 次，后接冲刺跑到中线折回。要求起跳动作不得有停顿，一气呵成。每组 3～4 次，重复 2～3 组，组间歇 5′。

（51）全场防守冲跑：站在罚球线附近，随教练员手势滑步移动，听信号后连续起跳 3 次，接着起动冲刺跑到另半场罚球线处，变后退跑返回。可规定一声哨音做跳动，二声哨音作冲刺跑。重复 4～6 次为一组，重复 2～3 组，组间歇 5～7′。

（52）运球追逐跑：以 8 米为半径画一个圆圈，两人在圈外相距 4 米做原地运球，听信号后转身沿弧线运球追逐跑，后面人追上前面的人用手拍击背部，则两人同时转身运球交换追逐。连续 30～50″为一组，计算追拍次数。重复进行 3～4 组，组间歇 5′。

（53）运球接力：篮球场端线站立，听信号后快速运球跑到另一端线折回，手递手收球传给第二人，两人循往环返 4~6 次为一组，重复 3 组，组间歇 3′。也可分组竞赛。

（54）起动运球跑：背对球场在端线蹲立，手持篮球，听信号后立即转身做全速运球跑，到中线后折回端线。要求起动速度快，运球速度快，球不得远离身体，也可计时进行。每组 3~5 次，重复 2~3 组，组间歇 5′。

（55）全场运球上篮：从端线开始，听信号做全场运球上篮，投中后返回，不中要补进。连续往返 5~7 次为一组。可计时进行。要求不准带球跑。重复 3~5 组，组间歇 5~7′。

（56）快速跑动传接球：5~8 名队员均匀分布在 15 米直径的圆上，持球者在圈内跑动，依次向各位置队员做传接球。要求不运球，传球快速准确。循环两次为一组，重复 2~3 组，组间歇 3~5′。

（57）接球上篮：端线传球站立，把球传给中圈站立的教练员，迅速向前冲跑，接教练员的高抛、地滚等难度较大的传球上篮。要求侧身跑进，在不减速情况下，接球上篮。每组 3~5 次，重复 3~5 组，组间歇 3′。

（58）两人推进上篮：端线开始，两人做快速跑动传接球上篮。不准运球，规定传球 3~4 次以内，不得走步违例。每组 4~6 次，重复 3 组，组间歇 5~7′。

（59）全场抛球上篮：端线持球站立，自己向中线附近抛出球后立即跑动场内追球，接球后运球上篮。抛出的球只能落地 1 次，如落地 2 次以上为失误，重新开始。每组 3~5 次，重复 3~5 组，组间歇 5~7′。

（60）可结合专项，选择几个练习组合的综合性练习。

二、耐力训练

1. 肌肉耐力练习

肌肉耐力练习的内容与力量练习大致相同，只是负荷的强度较小，练习持续的时间、反复次数要长与多些，具体练习应针对各运动专项的特点、要求，选择不同的练习、持续时间（或重复距离、次数）及强度的要求。

（1）1′立卧撑。由直立姿势开始，下蹲两手撑地，伸直腿成俯撑，然后收腿成蹲撑，再还原成直立。每次做 1′，4～6 组，间歇 5′，强度为 50%～55%。要求动作规范，必须站起来才算完成一次练习。也可以穿上沙背心做该练习。或做立卧撑接蹲跳起，则强度稍大，做 30 次为一组，组间歇为 10′。

（2）重复爬坡跑。在 15°的斜坡道或 15～20°的山坡上进行上坡跑，重复 5 次或更多些，跑距 250 米或更多些，间歇 3～5′，强度为 60%～70%，也可根据训练目的决定强度，可以心率控制运动强度，也可穿沙背心进行。

（3）连续半蹲跑。成半蹲姿势（大小腿成 100 度角左右），向前跑 50～70 米，重复 5～7 次，每组间歇 3～5′，强度为 60%～65%，不规定速度，走回来时尽量放松，在进行下次练习前，可做 15″贴墙手倒立。

（4）连续跑台阶。在高 20 厘米的楼梯或高 50 厘米的看台上，连续跑 30～50 步，如跑 20 厘米高的楼梯，每步跳 2 级。重复 6 次，每次间歇 5′，强度 55%～65%。要求动作不能间断，但不能规定时间，向下走尽量放松，心率恢复到 100 次/分钟时可开始下一次练习，也可穿沙背心做该练习。

（5）沙滩跑。在沙滩上做快慢交替自由跑，每组 500～1000 米，也可穿沙背心跑，速度变化和要求可因人制宜，做 4～6 组。组间歇 10′，强度为 50%～55%。

（6）逆风跑或负重耐力跑。遇飓风天气（风力不超过五级）可在场地或公路上做持续长距离逆风跑，也可做 1000 米以上的重复跑，重复次数 4～6 次，间歇 5′。强度 55%～60%。可穿沙背心进行负重耐力跑，要求与间歇同。

（7）原地间歇高抬腿跑。原地或前支撑做高抬腿跑练习。每组 100～150 次，6～8 组，每组间歇 2～4′，强度为 55%～60%，要求动作规范，不要求时间，但动作要不间断地完成，也可负重做练习，但每组练习次数及组数可适当减少。

（8）原地间歇车轮跑。原地做车轮跑，每组 50～70 次，6～8 组，组间歇 2～4′，强度为 50%～60%，也可扶墙借助支撑物完成。

（9）后蹬跑。后蹬跑每次 100～150 米或负重后蹬跑 60～80 米，6～8

组，组间歇 3~5′，强度为 50%~60%。

（10）连续换腿跳平台。平台高度 30~45 厘米，单脚放在平台上，另一脚在地上支撑，两脚交替跳上平台各 30~50 次，要求两臂协调配合，上体正直，重复 3~5 组，组间歇 3′，强度 55%~65%。

（11）长距离多级跳。在跑道上做多级跳，每组跳 80~100 米，约 30~40 次，3~5 组，组间歇 5′，强度为 60%~70%，如果规定完成时间，强度会大大提高，注意组间的恢复情况。

（12）半蹲连续跳。在草皮上做连续向前双脚跳，落地成半蹲（膝关节 90~100 度角），落地后迅速进行第二次。每组 20~30 次，（也可 50~60 米），重复 3~5 组，组间歇 5′，强度为 55%~60%。

（13）连续深蹲跳。原地分腿站立，连续做原地深蹲跳起或在草地上向前深蹲跳。要求落地即起。每组 20~30 次或 30~40 米，重复 3~5 组，组间歇 5~7 分钟，强度 55%~65%。

（14）沙地负重走。沙滩上，肩负杠铃杆，或背人做负重走。每组 200 米，5~7 组，组间歇 3′，强度为 55%~60%，注意心率指标保持在 130~160 次/分钟之间。

（15）沙地竞走。沙滩或沙地上做竞走，每组 500~1000 米，做 4~5 组，组间歇 3′，强度 55%~60%，要求动作规范，尽可能提高速度。

（16）沙地后蹬跑或跨步跳。沙滩或沙地上做后蹬跑或跨步跳，每组后蹬跑 80~100 米（跨步跳 50~60 米），重复 3~5 组，组间歇 5′，强度 55%~70%。

（17）水中高抬腿跑。在 40~50 厘米深的浅水池中，做原地高抬腿跑，每组 100 次，4~6 组，组间歇 10′，强度为 55%~60%，也可穿插进行行间高抬腿跑，间歇则就稍长些。

（18）水中支撑高抬腿。在 40~50 厘米深的浅水池中，两手扶池壁前倾支撑做高抬腿练习，每组 50 次，4~6 组，组间歇 5′，强度为 55%~65%，也可在水中行进间后蹬跑穿插进行，间歇则应延长到 8~10′。

（19）负重连续转跳。肩负杠铃杆等轻器械做连续原地轻跳或提踵练习，每组 30~50 次，重复 6~8 组，组间歇 3~5′，强度为 40%~50%。

（20）连续跳推举。原地蹲立，双手握杠铃杆，提铃至胸后，连续做跳推举杠铃杆。每组 20~30 次，4~6 组，间歇 3′，强度为 40%~60%。

（21）连续跳实心球。面对实心球站立，双脚正而跳过球后，迅速背对球跳回。往返连续跳，每组 60 次，4~5 组，组间歇 3 分钟，强度为 50%~55%。

（22）双摇跳绳。原地做正摇跳绳，跳一次摇两圈绳，连续进行。每组 30~40 次，做 4~6 组，组间歇 5′。强度为 55%~60%。该练习必须熟练掌握二摇一跳的技巧；心率必须在恢复到 120 次/分钟以下时，方可进行下一组练习。

（23）连续跳深。站在 60~80 厘米高的台阶或跳箱上双脚向下跳，落地后迅速接着向上跳上 30~50 厘米高的台阶或跳箱上。连续跳 20~30 次为一组，3~5 组，组间歇 5′。强度为 60%~65%。

（24）连续纵跳摸高。在摸高器或篮球架下站立，连续纵跳双手摸高。每组 30 次，4~6 组，组间歇 2′。强度 40%~60%。

（25）连续跳起投篮。在篮下持球站立，听口令后跳起投篮，接球后再投。每组 20~30 次，做 4~6 组，间歇 2′。强度为 40%~55%。可以规定时间及必须投进篮的次数。

（26）连续跳起传接篮板球。在篮下站立，双手持球跳起将球掷向篮板，待球弹回接球后再跳起掷球。连续 30 次为一组，4~6 组，组间歇 3′。强度为 40%~60%。不要求跳起高度，但动作必须连贯、协调不间断。

（27）连续反复传接实心球。用实心球做篮球传接球练习。每组 50 次，3~5 组，组间歇 5 分钟。强度为 50%~60%。可选用 1~2 公斤实心球。

（28）连续跳起扣吊球。将 10~15 个吊球并排悬于空中，每个间隔 1 米，高度为（2.10 米）为宜。听口令后连续跳起扣球，每组扣一轮，5~8 组，组间歇 3′。强度为 55%~60%。可以规定完成一组的时间。

（29）连续跳起低网上击掌。排球场上两人隔网相对站立，同时跳起两人在网上（2.10 米）双手击掌。每组 20～30 次，4～5 组。组间歇 2′。可原地或移动中完成。

（30）连续跳栏架。纵向排列 20 个高 30～40 厘米的栏架。做双脚起跳连续过栏架练习。往返一次为一组，8～10 组，间歇 3′。强度为 55%～60%。

（31）跳连环马。10～15 人间隔 2 米成纵队，每人俯背拖腿成人马，排尾开始连续跳过人马至排头即加入人马行列。每组一轮，6～8 组，间歇 3′。强度 50%～55%。

（32）拉胶皮带。结合专项练习或专门练习做连续拉胶皮带练习。如拉胶皮带扩胸、或拉胶皮带作支撑高抬腿等。根据练习的用力程度及运动员水平决定强度和次数。一般强度为 55%～60%。

（33）连续引体向上或屈臂伸。连续在单杠上做引体向上或双杠上做屈臂伸。每组 20～30 次，4～6 组，组间歇 5′。强度为 50%～60%。

（34）双杠支撑连续摆动。双杠上直臂支撑，以肩为轴做摆动，每组 40 次，4～5 组，组间歇 3′。强度为 40%～55%，前后摆两腿要摆出杠面水平，两腿并拢、伸展。

（35）双杠支撑前进。双杠上直臂支撑，两臂交替前移，每组往返 5 次，3～5 组，组间歇 5′。强度为 50%～55%。两臂各前移 5 次才返回。

（36）单杠悬垂摆体。单杠成悬垂，做向前向后的悬垂摆体。每组 30 次，4～5 组，组间歇 5。强度为 50%～55%。摆动时身体保持直立，摆动幅度越大越好。

（37）手倒立。独立完成手倒立或对墙做或在帮助下完成。每组倒立静止 2～4′，3～4 组，组间歇 5′，强度控制在 40%～50%。

（38）俯卧撑或俯卧撑移动。在垫上连续做俯卧撑 30 次为一组，4～6 组，或成屈臂俯卧撑姿势，用双臂双脚力量左右移动，每组 20～30 次，4～5 组，组间歇 4′。强度为 50%～55%。俯卧撑时身体要保持伸直，移动时始终保持屈臂俯卧撑姿势。

（39）爬绳。两手握绳，依次连续捣手向上攀爬（不能用脚）。每组两次，5～10 组，间歇 5′。强度为 40%～55%。下滑时可用脚协助，不限完成时间。

（40）攀爬横梯。两手握横梯横木，依次捣手攀爬前进。每组捣手 20 次，3～5 组，间歇 5′。强度为 40%～55%。

（41）仰卧起坐。仰卧两手抱头起坐，连续做 50 次为一组，重复 4～6 组，组间歇 3′。强度 40%～50%。起坐时要快，仰卧时要缓和，连续不间断进行。也可在起坐同时两腿屈膝上抬成元宝收腹。

（42）收腹举腿静力练习。在双杠、垫上做收腹举腿（直角支撑）动作，每次静止 1～2′。3～5 次，间歇 5′。强度为 40%～50%。静止时躯干与大腿间的夹角不能大于 100 度角，静止时间由 30″开始，逐渐增加。

（43）半蹲静力练习。躯干伸直，屈膝约 90 成半蹲姿势后静止 30″至 1′。4～6 次，间歇 5′。强度为 40%～50%。每次练习结束要放松肌肉，做些按摩摆腿或放松跑活动。

2. 无氧耐力练习

（1）原地间歇高抬腿跑原地做快速高抬腿练习。如发展非乳酸性无氧耐力，则可做每组 5″、10″、30″快速高抬腿练习，做 6～8 组，间歇 2～3′。强度为 90%～95%。要求越快越好。为发展乳酸性无氧耐力，则可做 1′练习，或 100～150 次为一组，6～8 组，每组间歇 2～4′。强度为 80%，要求动作规范。也可前支撑做高抬腿跑练习。

（2）高抬腿跑转加速跑行进间高抬腿跑 20 米左右转加速跑 80 米。重复 5～8 次，间歇 2～4′。强度为 80%～85%。

（3）原地或行进间间歇车轮跑原地或行进间做车轮跑，每组 50～70 次，6～8 组，组间歇 2～4′。强度为 75%～80%。

（4）间歇后蹬跑行进间做后蹬跑，每组 30～40 次或 60～80 米，重复 6～8 次，间歇 2～3′。强度为 80%。

（5）反复起跑蹲踞式或站立式起跑 30～60 米，每组 3～4 次，重复 3～4

组, 每次间歇 1′, 组间歇 3 分钟。

(6) 反复跑跑距为 60 米、80 米、100 米、120 米、150 米等。重复次数应根据距离的长短及运动员水平而定。一般每组 3 ~ 5 次, 重复 4 ~ 6 组, 组间歇 3 ~ 5′。强度一般的心率控制, 如短于专项的距离, 练习时心率应达 180 次/分钟, 间歇恢复至 120 次/分钟时, 就可时进行下次练习。如发展乳酸耐力, 距离要长些, 强度小些。

(7) 间歇行进间跑行进间跑距为 30 米、60 米、80 米、100 米等。计时进行。每组 2 ~ 3 次, 重复 3 ~ 4 组, 每一次间歇 2′, 组间歇 3 ~ 5′, 强度为 80% ~ 90%。

(8) 计时跑。可做短于专项距离的重复计时跑或长于专项距离的计时跑。重复次数 4 ~ 8 次, 间歇 3 ~ 5′。强度为 70% ~ 90%, 根据运动员水平及跑距而定, 距离短, 强度大些。

(9) 间歇接力跑。跑道上, 四人成两组, 相距 200 米站立, 听口令起跑, 每人跑 200 米交接棒, 每人重复 8 ~ 10 次, 要求每棒跑的时间。

(10) 迎面拉力反复跑。跑道上, 两队相距 100 米, 每队 4 ~ 5 人, 迎面接力跑, 每人重复 5 ~ 7 次, 要求每棒时间。强度为 70% ~ 80%。

(11) 反复加速跑。跑道上加速跑 100 米或更长距离。跑完后放松走回再继续跑, 反复 8 ~ 12 次。强度为 70% ~ 80%。

(12) 反复超赶跑。在田径场跑道或公路上, 10 人左右成纵队慢跑或中等速度跑, 听口令后, 排尾加速跑至排头, 每人重复循环 6 ~ 8 次。强度 65% ~ 75%。

(13) 变速跑。变速快跑与慢跑结合进行, 快跑段与慢跑段距离, 应根据运动员专项而定。如发展非乳酸性无氧耐力, 则常采用 50 米快、50 米慢、100 米快、100 米慢或直道快、弯道慢或弯道快、直道慢等。为发展乳酸性无氧耐力, 常采用 400 米快 200 米慢, 或 300 米快 200 米慢, 或 600 米快 200 米慢等。强度为 60% ~ 80%。

(14) 反复变向跑。在场地上听口令或看信号做向前、后、左右的变向跑。每次进行 2′，重复 3~5 组，组间歇 3~5′，强度为 65%~70%。变向跑的每一段落均为往返跑，即跑出去后，返回起跑位置，每一段落至少 50 米。间歇后心率恢复到 120 次/分钟以下，再开始继续练习。

（15）变速越野跑。在公路、树林、草地、山坡等地进行越野跑，在越野跑中做 50~150 米或更长些距离的加速跑或快跑段落。加速或快跑的距离 1000~1500 米，强度为 60%~70%。

（16）反复连续跑台阶在每组高 20 厘米的楼梯或高 50 厘米的看台上，连续跑 30~40 步台阶，每步 2 级，重复 6 次，每次间歇 5′。强度为 65%~70%，要求动作不间断，也可定时完成。

（17）球场往返跑。篮球场端线站立，听口令起跑至对面端线后再转身跑回。每组往返 4~6 次，重复 4~6 组，强度为 60%~70%。

（18）连续侧滑步跑跑道上，身体侧对前进方向，做侧向滑步跑 100~150 米。重复 5~6 组，组间歇 3~5′，强度为 60%~70%，每次心率达 160 次/分钟。

（19）综合跑。在跑道上，做向前跑、倒退跑及左右滑步跑，每种方式跑 50~100 米，每次跑 400 米，重复 3~5 组，组间歇 3~5′，强度为 60%~70%。

（20）法特莱克跑。在场地、田野或公路上，用不同的速度跑 3000~4000 米，强度为 60%~70%，可以采用法特莱克 50 米快、100 米慢、100 米快、150 米慢渐加式，等等。

（21）水中间歇高抬腿。在 40 厘米深的浅水中，做原地高抬腿，每组 100 次，4~6 组，组间歇 3′。强度为 60%~65%。也可与水中行进间高抬腿跑交替进行，行进间练习的间歇为 4~5′。

（22）分段变速游泳。以 50 米为一段落进行变速游泳，每组 250~300 米，4~5 组，间歇 10′，强度为 65%~75%。快速段落要达到本人最快速度的 70% 以上，放松段落根据水平要求。

（23）水中变姿变速游。同上段落，但以各种姿势混合游泳，每组各种姿势各游50米，3~5组，间歇10′。强度同上。

（24）水中短距离间歇游。50米、100米或更长段落的反复，或不同距离组合的间歇游。做3~4次为一组，3~4组，每次间歇2~3′，每组间歇10′。强度为60%~70%。

（25）水中追逐游。两人相距3~5米，同时出发，进行追逐游，每次50米往返，做3~5组，强度为65%~75%。心率达160次/分钟以上。游的姿势两人必须一致。

（26）游泳接力。两人或四人50米往返接力，也可混合姿势游。每人游4次为一组，3~4组，组间歇5~8′。强度为60%~70%，也可比赛进行。

（27）两人追逐跑跑道上两人一组相距10~20米（根据水平不同）。听口令后起跑，后面人追赶前面人，800米内追上有效，间歇3~5分钟，下次交换位置。重复4~6次，强度为65%~75%。也可以要求在最后100米内追上方为有效。

（28）上下坡变速跑。在7~10°的斜坡跑道上做上坡加速快跑100~200米，下坡放松慢跑回起点。每组4~6次，3~5组，组间歇10′。强度为65%~75%。

（29）往返运球跑。在篮球场由一端线运球至另一端线，然后换手运球跑回，往返6次为一组，做4~6组，组间歇2′。强度为60%~75%。

（30）往返运球投篮。在篮球场，由一端线运球至另一篮下投篮后，再运球返回投篮。每组往返4次，4~6组，组间歇3′，强度为55%~60%。投持不限方式，要投中后返回。

（31）运球绕障碍。篮球场上纵向放置5个障碍物，间距2米，听信号后做快速运球绕过障碍物往返跑，也可以竞赛方式计时。不得触碰障碍物。每组往返3~5次，3~5组，组间歇5′。

（32）全场跑动传接球篮球场上两人一组，由一端线开始，至另一端线后再传球跑回。每组往返4次，4~6组，组间歇8~10′。强度为60%~70%。组间心率恢复到100次/分钟以下，开始继续练习。

（33）跳绳跑。跑道上做两臂正摇跳绳跑，每次跑 200 米，5~8 次，间歇 5 分钟。强度 60%~70%。要求每次结束时心率达 160 次/分钟，间歇恢复到 120 次/分钟以下时开始第二次练习。也可规定速度指标。

（34）跳绳接力跑．在跑道上，两组相距 100 米，做往返跳绳接力跑。每组往返 4 次，4~6 组组间歇 5′。强度 60%~65%。应有一定的速度要求。

（35）双脚或两脚交替跳藤圈。两手握藤圈，原地双脚连续跳藤圈或双脚交替连续跳。双脚跳每组 50~60 次，交替跳每组 100 次，都做 4~5 组，组间歇 3′。强度为 50%~60%。

（36）两人踢传球→绕障碍运球→跑动射门的组合练习。在足球场两人从底线开始向前跑动踢传球，过半场后，两人交叉运球，传接绕障碍（8 个实心球，相距 2 米），然后跑动射门。往返 2 次为一组，4~6 组。组间歇 5′。强度 60%~65%。射门时由一人传球，一人射门。未射门的人，取球后两人向反方向再做上述练习。

（37）两人跑动传接球→抢断球→连续射门在足球场，两人跑动传接球，100 米往返 3 次→两人一组抢断球 3′→连续射门 10 次。2~3 组，组间歇 2′，强度为 55%~70%。跑动传球时尽量不丢球，从中圈开始运球跑动射门。

（38）连续滑步→侧倒体垫球→滚翻。在排球场，根据教练员的手势及抛球动作做连续滑步移动→侧倒体垫球→接滚翻动作。连续做 8~10 次为一组，3~4 组，组间歇 8~10′，强度为 65%~75%。

（39）沙坑纵跳→途中跑→双杠臂屈伸→双杠支撑前进。沙坑中纵跳 20 次→途中跑 50 米→双杠臂屈伸 8 次→双杠支撑前进，往返 3 次为 1 组，3~5 组，组间歇 5′。强度 60%~70%。沙坑纵跳为全蹲跳起，途中跑为 70% 速度，双杠臂屈伸符合标准，支撑前进不能间断或掉下杠来。

（40）结合各专项动作循环练习。以各专项的专门练习或辅助练习等组成一套练习，反复循环进行。强度为 65% 左右。

3. 有氧耐力练习

（1）定时跑。在场地、公路或树林中做 10~20′或更长时间的定时跑。

强度为 50% ~55%。

（2）定时定距跑。在场地或公路上做定时跑完固定距离的练习。如要求在 16 ~22′内跑 3600 ~4400 米。强度为 50% ~60%。

（3）变速跑。在场地上进行。快跑段、慢跑段距离应根据专项任务与要求决定。一般常用 400 米、600 米、800 米、1000 米等段落进行。例如中距离跑运动员常用 400 米快跑，200 米慢跑的变速或 600 米快跑，200 ~400 米慢跑等变速；长跑运动员常采用 1000 米快、400 米慢等变速。重复次数一般 4 ~8 次为一组，1 ~2 组，组间歇 10 ~12′。一般以心率控制，快跑段落心率控制在 140 次/分钟左右，慢跑段心率恢复到 120 次/分钟以下，间歇时心率恢复到 100 次/分钟以下时，开始下一组练习。

（4）重复跑。在跑道上进行，重复跑的距离、次数与强度也应根据专项任务与要求而定。发展有氧耐力重复跑强度不应，跑距应较长些。一般重复跑距为 600 米、800 米、1000 米、1200 米等，重复次数一般为 4 ~10 次。强度为 50% ~60%。

（5）越野跑。在公路、树林、草地、山坡等场地进行。如此跑的距离要求，一般在 4000 米以上，多可达 10000 ~20000 米。如以时间计算，一般在 2′以上。多可达 1 小时多。强度为 40% ~50% 左右。

（6）法特莱克跑。在场地、田野、公路上进行，自由变速的越野跑或越野性游戏。最好在公园、树林中进行，约 30′左右，也可更长些时间。强度为 50% 左右。

（7）定时走。在场地、公路或其他自然环境中按规定时间做自然走或稍快些自然走。一般走 40′左右。强度为 40% ~50%。

（8）大步走、交叉步走或竞走。在场地、公路或其他自然环境中做大步快走，交叉步走或几种走交替进行。每组 1000 米左右，4 ~6 组，间歇 3 ~4′。强度为 40% ~50%。

（9）沙地连续走或负重走。海滩沙地徒手快走或负重（杠铃杆或背人）走。徒手快走每组 400 ~800 米，负重走每组 200 米，做 5 ~7 组，间歇 3′。

强度为 45% ~60%，心率控制在 160 次/分钟以下。

（10）沙地竞走。海滩沙地上竞走练习，每组 500 ~1000 米，4 ~5 组，间歇 3 分钟。强度为 55% ~60%。

（11）竞走追逐。在跑道上，两人前后相距 10 米，听口令开始竞走，后者追赶前者，每组 400 ~600 米，4 ~6 组，强度为 50% ~60%，必须按竞走技术标准的要求，不能犯规，每组结束放松慢跑 2′。

（12）水中定时游。不规定游泳姿势及速度，规定在水中游一定的时间，如不间断地游 15′、20′等。强度为 40% ~50%，要求不间断地游。

（13）水中快走或大步走。在深 30 ~40 厘米的浅水池中，做快速走或大步走练习，每组 200 ~300 米或 100 ~150 步，4 ~5 组，间歇 5′。强度为50% ~55%。

（14）连续踩水。在游泳池深水区，手臂露出水面做踩水练习。每次 2 ~4′，4 ~5 次，间歇 3′。强度为 45% ~60%。也可以要求肩部露出水面，加大难度。

（15）5′运球跑。篮球场内，以单手或双手交替运球跑动 5′，3 ~5 次，间歇 2′。强度为 45% ~60%。要求不间断进行，或要求一定距离。

（16）10′带球跑。足球场内不限区域，中速带球运球跑 10′，2 ~3 组，组间歇 5′。强度为 40% ~50%，要求不间断跑动，不能静止运球。

（17）3′以上跳绳或跳绳跑。在跑道上做两臂正摇原地跳绳 3′或跳绳跑2′。4 ~6 次，间歇 5′。强度为 45% ~60%。要求每次结束时，心率在 140 ~150 次/分钟，恢复至 120 次/分钟以下开始下一次练习。

（18）登山游戏或比赛。在山脚下听口令起动，规定山上终点的标记，可以自选路线登山或规定路线登山，可进行登山比赛或途中安排些游戏，如埋些地雷，规定各队要找出几个地雷后集体到达终点，早者为胜等。强度为40% ~60%。

（19）30′以上的足球游戏。在足球场或手球场打比赛性游戏。

（20）篮球斗牛游戏。篮球场上打半场或全场比赛性斗牛 30′以上。强度为45%～60%。

（21）5′以上的循环练习。根据专项选择8～10个练习，组成一套循环练习，反复循环进行5′以上。3～5组，组间隔5～10′。心率在活动结束时控制在140～160次/分钟左右，休息恢复到120次/分钟以下，开始下一组练习。强度控制在40%～60%。

（22）5′健美操。不间断地跳5′以上。4～6组，组间歇5～8′。强度为40%～60%。心率控制在160次/分钟以下。

三、柔韧性训练

1. 肩、胸、腰部柔韧性练习

主要手段有压、拉、吊、转环、体转、体前屈、体后屈等。

（1）面对墙壁或肋木，手扶一定高度体前屈压肩胸。

（2）背对墙壁或肋木，手臂后举扶墙或反握肋木，下蹲向下拉肩。

（3）侧向墙壁或肋木，侧向手扶墙或握肋木，向侧拉肩。站立体前屈，双手互握后举，帮助者一手顶背，一手向下按压练习者手臂拉伸肩、腰部。

（4）悬垂，反握肋木，向下吊肩。两手握棍或绳，做直臂向后和向前的转肩练习，逐渐缩短握距。

（5）站立，连续快速直臂向前、侧、后绕肩。

（6）体前屈手握脚踝，躯干与腿尽量相贴，可在帮助者用力压其背部，逐步垫高臀部或脚的高度的情况下练习。

（7）站在一定高度上做体前屈，手触地面。

（8）腿垫高的分腿体前屈，或手握肋木的高举腿分腿坐，在外力下向后压腿的体后屈练习。

（9）俯卧，上体挺胸抬起，两手上举，帮助者站在背后，两手握练习者上臂，向后拉压肩胸，向后下拉伸腰部。

（10）仰卧在横马上成背屈伸，两腿固定，帮助者两手握练习者上臂，向后拉压肩、胸、腰。

（11）仰卧成弓桥，向上顶腰和向前拉肩练习，逐步缩小手与脚的距离。

2. 髋、腿的柔韧性练习

主要手段有压、扳、踢、控、绕腿、劈叉等，具体做法如下：

（1）压腿：将一腿置于肋木上，直膝、胯正，可向前、侧、后压腿。

（2）扳腿：单腿站立，一腿举起，直膝、胯正，在外力作用下，前、侧、后扳腿。

（3）劈叉压：在纵叉和横叉姿势下，两脚垫高，上体挺直、直膝、胯正，在外力作用或自身重量下，向下压髋。

（4）踢腿：包括大幅度的快速前、侧、后的正踢、绕腿，以及体前屈、后踢腿练习。可以通过扶把杆踢腿、行进间走步踢腿、原地高踢腿等进行练习。

（5）控腿：通过扶把杆和不扶把杆的单腿站立的前、侧、后高举控腿，体前屈后举控腿，仰卧劈叉的搬控腿等，可采取慢速控腿和搬腿、快速踢起控腿和扳腿。

3. 综合性的柔韧练习

（1）柔韧性难度动作练习在一定的柔韧能力练习基础上，必须结合健美操的难度动作和技术要求进行专门的柔韧性练习，如各类分腿大跳、大跳落成劈叉、支撑劈叉、控腿落成劈叉、纵横劈叉转换及不同方向高踢腿等。

（2）柔韧操练习除了采用以上的柔韧练习外，也可采用柔韧操形式进行练习，如关节活动操、拉伸操等。在优美的音乐旋律和节奏下做动静结合的拉伸操，速度由慢到快，幅度从小到大，可不知不觉地、愉快地达到提高柔韧性的作用。

（3）高低冲击的健美操步伐组合练习。采用持续的高低冲击的健美操步伐组合进行柔韧练习，即在走、跑、跳中进行包括转肩、绕肩、扩胸、转体、踢腿、控腿、劈叉等柔韧练习，可提高练习的兴趣，同时提高耐力。

四、力量训练

1. 静力性练习

静力性练习一般多采用较大负荷量，以递增重量的方法进行练习。所负的重量越大，由肌肉的感觉神经传至大脑皮质的神经冲动也就越强，从而引起大脑皮质指挥肌肉活动的神经细胞产生强烈兴奋，若经常接受这种刺激，就提高了兴奋强度，并吸引更多的肌肉纤维参与工作，进而提高肌肉的最大力量。

总负荷是影响最大力量发展的重要因素。影响总负荷的因素有负荷重量、练习重复组数、每组持续时间及各组间的间歇时间等。提高最大力量多采用本人最大负荷量的70%进行练习，组数可控制在4组，每组持续在12″以上，每组间歇3′。若采用本人最大负荷量的70%~90%进行练习，组数可控制在4~6组，每组持续时间8~10″，每组间歇3′。若采用本人负荷量90%以上进行练习，组数不超过4组，每组持续时间3~6″，每组间歇应增至4′。

2. 持续不断地重复用力的方法（重复法）

作用在于加强新陈代谢，活跃营养过程，并有助于改进协调性，加强支撑运动器官能力，并能迅速而有效地提高肌肉力量。

重复用力训练采用的负荷强度一般是本人最大负荷量的75%~90%，组数可进行6~8组，每组重复次数3~6次，每组间歇时间控制在3′。

3. 最大限制的、短促用力的方法（强度法）

短促极限用力的练习方法，保证了神经系统和肌肉作用力的高度集中，使肌肉最大力量得到明显提高。对于需要最大力量的项目的运动员来说，周期性地举最大的和接近最大的重量能有效地发展其专项工作能力。短促极限用力训练采用负荷强度为本负荷量的85%~100%，练习组数6~10组，每组练习次数1~3次，每组间歇时间控制在3′。

4. 极限强度的方法

极限强度练习方法的显著特点，非常突出强度，几乎每周、每天、每项都要求达到、接近甚至超过本人当天最高水平。在计划规定的时间内要求组数越多越好，组与组之间的间歇以练习者恢复为准，整个训练全年都是这样安排的，不作大的调整和变动。

5. 极端用力的方法

这种练习方法的特点是采用一定的负荷量进行练习，次数重复至极限数量，直到完全不能做为止。即至参加训练的肌肉群再也不能进行收缩。其生理机制是，肌肉越来越疲劳，需要从大脑皮层中发出补充的神经冲动新的运动单位。这样就把每块肌肉充分地调动起来，并去激发新的肌肉群（即兴奋过程的扩散）。

极端用力练习方法发展力量素质的负荷特征是一般多采用 50%～75% 的负荷强度，进行 3～5 组，每组 10～12 次，每组间歇时间为 3～5′。它对某些运动项目运动员的身体起着最为深刻和全面的结构性的影响，而对运动系统和心血管系统的影响更加重要。对发展力量和耐力产生良好的作用，并且是大幅度提高运动成绩的基础。

6. 电刺激法

生理机制是由大脑发出的中枢神经冲动被一种能使肌肉收缩的电刺激所取代。电刺激的优点：一是能使肌肉最大限度地活跃起来；二是引起肌肉紧张所维持的时间要比普通方法长、反复次数多，极限力量降低减慢。由于排除了中枢神经系统的疲劳，使运动员在已疲劳后仍可继续对肌肉进行电刺激训练，达到真正大运动量训练；三是比一般力量训练方法消耗能量少；四是对肌肉训练的针对性强。其缺点是可能对人体协调能力产生不利影响，而且假使训练量控制不当，会使肌肉负担过重。该方法分直接刺激法和间接刺激法两种。直接刺激法是把两个电极固定在肌肉末端，促使肌肉直接受电刺激，频率为 250 赫兹时肌肉收缩最为理想。间接刺激法是把不同的电极放置在有关运动神经部位，使肌肉间接受刺激收缩，频率为 1000 赫兹时肌肉收缩最为理想。频率持续时间为 10″，每块肌肉的各个刺激周期的间隔时间为 50″。一次训练的刺激周期为 10 个。

7. 发展起动力的方法

在最短时间内（通常不到 150sm）最快地发挥下肢力量，称为起动力。运动实践证明：最大力量水平是起动力的基本因素。

发展起动力的练习方法多种多样：

（1）利用地形地物做各种短跑练习，如沙地跑、上下坡跑、跑阶梯等。

（2）利用器械、仪器做各种跑的练习，如穿加重背心的起跑加速、加速跑突然改变方向跑、计时短跑、系铅腰带的加速跑、负轻杠铃短跑等。

（3）利用同伴的各种助力做加速跑、牵引跑、各种准备姿势的听信号起动跑等。

另外，发展弹跳反应力的练习也都是发展起动力的良好手段。

8. 发展爆发力的方法

以最短的时间（在 150ms 内），以最大的加速度克服一定阻力的能力，称为爆发力。它对于多数的速度力量型项目（如跳远的起跳动作）是一个决定性因素。爆发力也同样依赖于最大力量水平。所以任何发展最大力量的方法也适应于发展爆发力练习。但发展爆发力练习的负荷特征是：负荷强度一般采用 70% ~ 90%，练习组数 3 ~ 6 组，每组做 5 ~ 6 次，每组间歇 3′。苏联运动员安排 18 周发展爆发力，收到良好效果：前 6 周从事跳跃练习，中间 6 周进行大重量的快速杠铃练习，后 6 周做跳深练习。

9. 发展反应力的方法

当人体运动时，肌肉链牵制着人体运动的速度，引起牵张反应。由于来自眼、颈部本体感受器的刺激，牵张反射经常受到修正从而发生反射性的运动。这种反射性运动，能使运动着的人体获得很高的加速度，产生朝相反的方向运动的能力。在制动的离心阶段，活动的肌肉被拉长；在加速的向心阶段，肌肉迅速收缩。这种形式通过各种动作表现出来，一种是以跳跃为主的弹跳反应力，一种是以击打、鞭打、踢踹为主的击打反应力。

上述两种形式的差别在于不同的刺激关系。以跳深为典型的反应形式中，肌肉拉长是向下运动的身体受重力作用被迫进行的。人们习惯称之为超等长练习。相反，以击打为典型的反应形式中，肌肉拉长是因对抗肌肉用力引起的，这种被拉长并不是积极的，因此，拉长—收缩周期比跳深慢得多。

（1）发展弹跳反应力的方法很多，比较有效的方法有：

①跳深：下落高度 70~110 厘米。若采用较低高度，有利于发展最大速度；若采用较高高度，可发展最大力量。要求跳下后立即向上跳起，尽量高跳。这种练习 1 周可安排 2 次，每次 4 组，每组 8~12 次，组间间歇 2′。疲劳时不宜做此练习。

②各种跳跃练习：跨步跳、多级跳、负重连续跳、跳台阶、跳上跳下等。优秀运动员往往把短跳练习用以提高反应力。

③手持 4.5kg 的哑铃蹲跳起；肩负 22.5kg 的杠铃蹲跳起；肩负 45kg 斤杠铃快速分腿跳；肩负 67.5kg 杠铃等。

（2）发展击打反应力。许多竞技运动项目都有击打、鞭打、出手、踢踹等动作。特别是对抗肌的力量能力是这些运动项目训练的重要任务。优秀运动员中发展击打反应力的练习有：

①发展对抗肌的退让性练习。用超过本人最大负荷量的 10%~50% 卧推，要求加助力推起，加保护慢放下。用上述的负荷强度和方法进行深蹲，两手持哑铃做仰卧直臂下压。要求直臂下压时快，直臂后摆时慢。

②发展对抗肌和击打速度的模仿性练习。利用滑轮拉力器、橡皮筋、小哑铃、石块、短棒等模仿击打、鞭打、投、踢和踹等动作，注意完成动作的幅度。完成动作前的拉长动作以训练实践中，要科学地调整动作力量和动作速度，长时间地采用恒定负荷，就会使动作速度固定，影响速度力量的发展。负荷强度的安排是周期性、波浪式变化的。也应注意使身体局部的速度力量能力与全身速度力量能力结合起来进行。

五、灵敏性训练

1. 提高反应判断的练习

（1）按口令做相反的动作。

（2）按有效口令做动作。

（3）原地、行进间或跑步中听口令做动作。如：喊数抱团成组；加、减、乘、除简单运算得数抱团组合，看谁最快等。

（4）一对一追逐模仿。

（5）一对一互看对方背后号码。

（6）听信号或看手势急跑、急停、转身、变换方向的练习。

（7）听信号的各种姿势起跑。如：站立式、背向、蹲、坐、俯卧撑等姿势。

（8）跳绳：两人摇绳，从绳下跑过转身，从绳上跳过等。

（9）一对一脚跳动猜拳、手猜拳、打手心手背、摸五官等练习。

（10）各种游戏：如：叫号追人、追逃游戏、抢占空位、打野鸭、抢断篮球（一方攻、一方守，攻方运球强行通过，守方积极拦截抢夺，夺到球变为攻方运动员）等。

2. 发展平衡能力练习

（1）一对一面对面站立，双手直臂相触，虚实结合相互推，使对方失去平衡。

（2）一对一弓箭步牵手互换面向站立，虚实结合互推互拉使对方失去平衡。

（3）各种站立平衡：俯平衡、搬腿平衡、侧平衡等。

（4）头手倒立、肩肘倒立、手倒立停一定时间。

（5）在肋木上横跳、上下跳练习。

（6）做动作或急跑中听信号完成突停动作。

（7）在平衡木上做一些简单动作。

3. 发展协调能力的练习

（1）一对一背向互挽臂蹲跳进、跳转。

（2）模仿动作练习。

（3）各种徒手操练习。

（4）双人头上拉手向同方向连续转。

（5）脚步移动练习。如：前后、左右、交叉的快速移动。单脚为轴的前后、转体移动。左右侧滑步、跨跳步移动。

（6）做小腿里盘外拐的练习。

（7）跳起体前屈摸脚。

（8）选用武术中的"二踢脚""旋风脚"动作。

（9）双人跳绳。

（10）做不习惯方向的动作。

（12）改变动作的连接方式。

（12）选用健美操、体育舞蹈中的一些动作。

（13）简单动作组合练习。如：原地跳转360°接跳远；前滚翻交叉转体接后滚翻；跪跳起接挺身跳等。

（14）双人一手扶对方肩、一手互握对方脚腕，各用单脚左右跳、前后跳、跳转。

4. 运用体操中的一些简单动作促进身体灵敏

（1）前滚翻、后滚翻、侧滚翻。

（2）连续前滚翻或后滚翻。

（3）双人前滚翻：一人仰卧，另一人分腿站在仰卧人的头两侧，双方互握对方两脚踝，然后作连续的双人前滚翻或后滚翻。

（4）连续侧手翻。

（5）双人侧手翻：双人同向重叠站立，后面人抱住前面人的腰，然后共同完成侧手翻。

（6）鱼跃前滚翻。（可越过一定高度的障碍物）。

（7）一人仰卧，两人各抓一只脚，同时用力上提，使其翻转站立。

（8）前手翻、头手翻、后手翻，团身后空翻。

（9）跳马、跳上、挺身跳下；分腿或屈腿腾越；直接跳越器械；跳起在马上作前滚翻。

（10）在低单杠上做翻上、支撑腹回环、支撑后摆跳下、支撑摆动向前侧跳下等简单动作。

（11）在低双杠上做肩倒立、前滚翻成分腿坐、向前支撑摆动越杠下、向后摆动越杠下等简单动作。

5. 利用跳绳进行的一些练习方法

跳绳是一项学生非常喜爱的活动，简便易行，操作简单，但对于发展学生的爆发力、弹跳力、全身协调能力等体能素质效果非常明显。

（1）跳绳扫地跳跃：练习者将绳握成多段，从下蹲姿势开始，将绳子做扫地动作，两脚不停顿地做跳跃练习。

（2）前摇二次或三次，双足跳一次，俗称"双飞"＋"三飞"。

（3）后摇二次，双足跳一次，俗称（后双飞）。

（4）交叉摇绳：练习者两手交叉摇绳，每摇一两次，单足或双足跳长绳子一次。

（5）集体跳绳：两名练习者摇长绳子，其他练习者连续不断地跳过绳子，每人应在绳子摇到最高点时迅速跟讲，跳过绳子。并快速跑出。谁碰到绳子，与摇绳者交换。

（6）双人跳绳：同前，要求两名练习者手拉手跳 3～5 次后快速跑出。

（7）走矮子步：教师与一名队员将绳拉直，并把高度适当降低，学生在绳子下走矮子步和滑步与滑步动作。

（8）跳波浪绳：教师与一名学生双手握一根长绳子，并把绳子上下抖动成波浪形，学生必须敏捷地从上跳过，谁碰到绳子，与摇绳者交换。

（9）跳蛇形绳：教师与一名队员双手握一根长绳，并把绳子左右抖动，使绳子像一条蛇在地上爬行，数个学生在中间跳来跳去1′内触及绳子最少者为胜。

（10）跳粗绳（或竹竿）：教师双手握一根粗绳或竹竿，队员围成一个圆圈站立，当教师握绳或竿做扫圆动作时，队员立即跳起，触及绳索或竹竿者为败。

第三节　航空体育课程设计——航空体育技能项目

航空体育技能项目主要是根据飞行大学生为完成体能训练所采取的或者

是运用的一些项目，这些项目既有学生日常锻炼中非常喜爱的运动项目，也有针对飞行学生体能类别而设置的一些运动项目，主要目的一是满足学生对体育运动的需求；二是通过项目锻炼达到飞行大学生所需要的体能，为终身体育打下良好的基础。

大球类——篮球、排球、足球；小球类——羽毛球、乒乓球；技巧类——体操、健美操；搏击类—跆拳道、武术；拓展类——定向运动、瑜伽、游泳与保护、跳绳、毽球。

大球类项目——篮球

中文课程名称：篮球；英文课程名称：Basketball

一、课程简介

篮球运动是一项集体性、综合性的活动性游戏。它在特殊的规则限制下，以特殊的形式和方法、手段，集体地进行攻守对抗。是一项人们喜闻乐见的全民健身活动的手段。篮球是一门技术性很强的运动。本课程的主要任务是全面介绍篮球基本技术、基本战术，以及篮球竞赛规则与裁判法等前沿知识。通过本课程的学习，使学生较系统地掌握篮球运动的基本知识、基本技术、基本技能和方法。

二、教学目标

通过篮球课的教学，使社会体育专业学生较系统地掌握篮球运动的基本知识、基本技术、基本技能和方法。培养学生团结合作，荣辱与共的集体主义精神和顽强拼搏，积极进取，开拓创新的精神。并使学生能胜任篮球教学、组织基层篮球比赛活动和裁判等工作。

三、教学内容

1. 篮球项目理论

（1）篮球运动概论（2）篮球技、战术分析

重点：篮球技术分析。

难点：篮球战术分析。

2. 篮球基本技术

（1）技术基础动作：①基本步法；②基本手法（2）投篮技术：①原地投篮技术；②行进间投篮技术；③跳起投篮技术（3）获得球技术：①接球技术；②抢篮板球技术；③抢断球技术（4）支配球技术：①传球技术；②运球技术（5）一对一个人攻防技术：①有球一对一攻防行动；②无球一对一攻防行动

重点：篮球基本投篮、获得球、支配球的技术。

难点：各项技术的合理运用。

3. 篮球基本战术

（1）进攻、防守战术基本配合（2）快攻与防守快攻战术（3）半场人盯人防守与进攻半场人盯人防守（4）区域联防与进攻区域联防

重点：攻防战术基本配合。

难点：战术配合意识及能力的培养。

四、教学方法与习题要求

本课程教学主要采用示范讲解法及启发式、直观式、案例式、对比式等教学方法。

五、考核方式及成绩评定

考核方式：技术、素质考核，理论抽题考核。

成绩评定：技术成绩占30%，理论成绩占30%，素质成绩占30%，平时成绩占10%。

六、推荐教材或讲义及主要参考书

1. 篮球运动教程［M］. 北京：人民体育出版社，2003.

2. 孙民治. 现代篮球高级教程［M］. 北京：人民体育出版社，2004.

大球类项目——排球

中文课程名称：排球；英文课程名称：Volleyball

一、课程简介

排球是一门实践性很强的课程，是飞行学生非常喜爱的运动项目，本课程主要任务是让学生掌握三大球中的最绅士的排球。排球运动技术性很强，通过本课程的学习，使学生基本掌握排球运动技术，通过训练掌握排球运动的技能，学会基本的比赛技巧，通过一些排球运动的拓展活动，在比赛过程中体验排球运动的文化及排球运动精神。排球是一个集体运动项目，要求相互协调，团结一致才能感受到胜利的喜悦和运动的快乐，把参与者紧紧地联系在一起，促进人与人之间的交流，培养人与人之间团结协作的人际关系，这对于飞行大学生团队意识和团队精神的培养十分重要。

二、教学目标

使学生全面、系统地掌握本大纲规定的排球运动基本理论知识，提高对排球运动素养的理解。使学生正确、熟练地掌握排球基本技术和战术，发展专项身体素质，并能在比赛中灵活运用所学的基本技术和战术，了解并参与娱乐排球运动的形式。掌握排球基本技、战术教学与训练理论和方法，具备国家二级以上裁判水平，能从事基层社区群众性排球活动的组织管理和指导排球教学训练工作的能力。

三、教学内容

1. 基本技术

（1）传球（2）垫球（3）拦网（4）发球（5）扣球

重点：传、垫、发、扣球基本技术的掌握。

难点：合理运用技术的能力及指导纠正。

2. 排球战术

（1）集体进攻战术（2）防守战术（3）个人战术

重点：排球战术的基本运用。

难点：个人技术与集体配合的能力。

3. 排球运动理论

（1）排球运动基本理论（2）排球运动的规则（3）组织竞赛（4）裁判

工作

重点：掌握主要规则及裁判方法及组织一场比赛的工作程序。

难点：基层排球竞赛的组织编排能力，临场裁判能力。

4. 排球运动的拓展活动

（1）排球游戏（2）几种娱乐性排球运动

重点：娱乐性排球运动的掌握。

难点：学会创编排球游戏。

四、教学方式与习题要求

本课程教学采用预设目标的教学方法，培养学生自主学习和团结协作的能力。

五、考核办法

考核方式：本课程是考试课程。采用平时考试＋试卷考核，注重过程考核，技术采用阶段性考核，理论采用抽题口答方式。

成绩评定：考勤20％，理论抽题口答30％，身体素质30％，技术技评30％。

六、推荐教材或讲义及主要参考书

1. 黄汉升主编．球类运动——排球［M］．北京：高等教育出版社，2009.

2. 唐奎编著．排球竞赛裁判手册［M］．北京：人民体育出版社，2001.

大球类项目——足球

中文课程名称：足球；英文课程名称：Football

一、课程简介

足球运动是一门技术性很强的课程。本课程主要使学生学习并掌握足球各类技战术，提高学生的足球技术运动水平，并通过足球运动的教学使学生能够养成踢足球的习惯，达到强身健体的目的。同时培养学生讲团结、守纪律、勇敢顽强、不怕困难、努力学习、刻苦训练、热爱集体的优良作风。

二、教学目标

通过本课程学习，学生应了解足球运动的特点，现代足球运动及中国足球运动的起源与发展状况，了解我国足球职业化改革的现状和存在的问题，理解足球竞赛规则、领悟规则精神，以及足球技、战术特点和足球比赛的原则。掌握足球运动的颠、踢、接、运、控球等基本技术和足球基础"二过一"战术及局部攻守战术，并在此基础上提高学生足球基本技战术能力。

三、教学内容

1. 足球运动概述（理论部分）

（1）足球运动的特点、作用与社会影响（2）现代足球运动的起源、发展与现状（3）中国足球运动的发展与现状（4）校园足球定位与发展

重点：现代足球运动的发展现状。

难点：对中国足球运动的认识。

2. 足球技战术分析（理论部分）

（1）足球技术在足球运动中的地位与作用（2）当今足球技术发展的主要特点（3）主要技术动作分析（4）足球战术概念、特征、比赛阵型（5）个人、局部、全队与定位球战术（6）比赛原则

重点：足球技术动作的组成要素、比赛阵型的运用。

难点：足球比赛原则的掌握与运用。

3. 颠、踢球技术

（1）双脚脚背部位为主的颠球动作（2）脚内侧踢地滚球、空中球（3）内脚背踢球（4）正脚背踢球

重点：几种基本踢球技术。

难点：颠球技术的掌握与球感的培养。

4. 接、控球技术

（1）脚内侧接地滚球、空中球（2）前脚掌接反弹球（3）挺胸式接球（4）脚掌及脚内外侧、脚背内侧部位的扣、拨、推、拖球动作

重点：几种基本接、控球技术。

难点：接、控球的连贯性和下一技术动作的连接。

5. 头顶球、正面抢截、掷界外球技术

（1）头顶球技术（2）正面抢截（3）掷界外球技术

重点：掌握正确的头顶球和掷界外球技术。

难点：避免掷界外球的违例动作。

7. 运球及假动作

（1）直线运球：用正脚背推球的直线运球（2）曲线运球：用脚内侧、脚外侧，以及脚背内侧推拨球的曲线运球（3）结合身体虚晃假动作以及下肢假动作的运球过人

重点：正确的各种运球技术。

难点：养成运球过程中抬头观察的习惯。

8. 基础战术"二过一"配合

（1）斜传直插二过一配合（2）直传斜插二过一配合（3）踢墙式二过一配合

重点：掌握三种"二过一"战术配合。

难点：实施三种"二过一"战术的时机与技巧。

四、教学方法与习题要求

本课程属于实践性很强的专业技术课，学生需要系统学习足球各项技术动作和战术配合，教学方式上主要采用讲解与示范，学生练习的方式进行，学生通过各种形式教学比赛巩固所学的技战术，同时进行裁判实习。习题将紧密围绕理论部分内容而制定，形式主要有选择题、判断题、简答题和问答题。

五、考核方式及成绩评定

考核方式：本课程考核方式为考试，技术及身体素质环节部分在课堂上进行考试。理论考试采取抽题问答考核方式；身体素质考核内容为12分钟跑，标准为男生2800米，女生2400米；技术考试包括运球绕杆射门和脚内

侧传接球技评，各占 20% 和 10%。

成绩评定：考勤 10% + 理论 30% + 身体素质 30% + 技术技评 30%。

六、推荐教材或讲义及主要参考书

1. 何志林主编. 现代足球［M］. 北京：人民体育出版社，2000.

2. 麻雪田，王崇喜主编. 现代足球运功高级教程［M］. 北京：高等教育出版社，2002.

小球类项目——羽毛球

中文课程名称：羽毛球；英文课程名称：Badminton

一、课程简介

羽毛球运动是灵活、快速、多变的隔网对击性项目。动作易掌握，器材简便，充满乐趣，深受学生的喜爱。羽毛球运动能有效的发展灵活性、协调性、力量、耐力等身体素质；对培养勇敢、顽强、沉着、果断等意志品质具有良好的作用。本课程以羽毛球中的发球、击球、移动步法、简单裁判法，以及基本理论知识为主要内容。通过教学使学生初步掌握羽毛球的基本技术、战术和理论知识，培养学生对羽毛球运动的兴趣和爱好。

二、教学目标

通过该课程的学习，使学生在掌握羽毛球基本知识、技术、战术的基础上，进一步提高学生羽毛球专项技术、简单地裁判和竞赛组织。

三、教学内容

1. 羽毛球运动概述

（1）羽毛球运动和发展简述（2）国内外重大比赛赛事简介

重点：羽毛球比赛规则与裁判法。

难点：把理论上的知识灵活的运用于实践比赛当中。

2. 羽毛球基本技术

（1）发球法：①正手发球：发平高球、发网前球②反手发球：发平高

球、发网前球

（2）击球法：①高球②吊球③杀球④接杀球、接吊球⑤挑球⑥搓球⑦扑球⑧推球⑨勾球

（3）步法：上网步法、后退步法、后场两侧移动步法、前后连贯步法

重点：网前搓、推、勾，后场高、吊、杀。

难点：击球时出手的一致性和击球的准确性，要求快、狠、准、活、稳，步法快速、连贯、积极，灵活、全方位。

3. 羽毛球专项素质训练

（1）上肢专项力量练习（2）躯干专项力量练习（3）下肢专项力量练习

重点与难点：围绕羽毛球专项进行身体练习。

4. 羽毛球基本战术

（1）单打战术（2）双打战术

重点：单打战术和双打战术。

难点：将战术灵活运用于比赛实践当中。

四、教学方法与习题要求

本课程教学采用了启发式、合作式、探究式的教学方法。

五、考核方式及成绩评定

本课程成绩考核分为考勤、理论、身体素质、技术技评，其中考勤占10%，理论占30%，技术技评占30%，身体素质（800米男生2′30″优秀，2′45″及格；400米男生1′00″优秀，1′05″及格；跳绳双摇，男生100个优秀，70个及格，占30%）。

六、推荐教材或讲义及主要参考书

1. 张瑞林主编. 羽毛球运动［M］. 北京：高等教育出版社，2005.

2. 林建成编著. 羽毛球技、战术训练与运用［M］. 北京：人民体育出版社，2009.

3. ［德］拉尔夫·法比西等著. 从入门到实战，羽毛球［M］. 北京：

北京体育大学出版社，2011.

小球类项目——乒乓球

课程名称：乒乓球；英文课程名称：Table Tennis

一、课程简介

乒乓球运动是一项集体性、综合性的游戏。它在特殊的规则限制下，以特殊的形式和方法、手段，集体地进行攻守对抗。是一项人们喜闻乐见的全民性健身活动。通过乒乓球课的教学，使飞行大学生较系统地掌握乒乓球运动的发展现状和趋势；提高学生专项身体素质、技术、战术、心理和竞赛水平；培养学生分析问题和解决问题的能力，发展学生的开拓思维、综合应用和创新能力，并为终生体育打下坚实的基础。

二、教学目标

通过合理的专项教学过程，科学的教学手段实施，使社会体育专业学生较系统地掌握乒乓球运动的基本知识、基本技术、基本战术和专项素质训练方法。培养学生团结合作、荣辱与共的集体主义精神和顽强拼搏、积极进取、开拓创新的精神；并使学生能胜任乒乓球教学、组织基层乒乓球比赛活动和裁判等工作，以达到社会体育专业的培养目标。

三、教学内容

1. 乒乓球项目理论

（1）乒乓球运动概论

（2）乒乓球技、战术分析

重点：乒乓球技术分析。

难点：乒乓球战术分析。

2. 乒乓球基本技术

（1）技术基础动作：①基本步法；②基本站位（2）攻球技术：①正手攻球技术；②反手攻球技术（3）发球技术：①正面发球技术；②反手发球

技术；③高抛发球技术（4）拉球技术：①高吊弧圈球技术；②前冲弧圈球技术；③侧旋弧圈球技术

重点：乒乓球发球、拉球技术。

难点：各项技术的综合运用。

3. 乒乓球基本战术

（1）基本战术：发球抢攻战术、接发球抢攻战术、搓中抢攻战术

（2）双打战术：发球抢攻战术、接发球抢攻战术、搓中抢攻战术

重点：双打战术配合。

难点：战术配合意识及能力的培养。

4. 乒乓球专项素质训练

（1）力量、速度专项身体素质训练

（2）耐力、灵敏专项身体素质训练

（3）柔韧专项身体素质训练

重点：速度、耐力专项身体素质训练。

难点：协调、灵敏性专项身体素质训练。

四、教学方法与习题要求

本课程教学主要采用启发式、合作式、探究式的教学方法，习题练习要求做好课后的练习和比赛次数和强度。

五、考核方式及成绩评定

本课程成绩考核分为平时考核和期末考核，课程总评 = 考勤 10% + 理论 30% + 身体素质 30% + 技术技评 30%。其中身体素质内容包括单手触桌角往返跑（达标 40 次/min，优秀 52 次/min），和室外耐力跑（800 米跑男生 2′35″及格，2′10″优秀），分值各占身体素质分的 50%，理论考试为闭卷考试。

六、推荐教材或讲义及主要参考书

1. 毛瑛英，郑志刚. 乒乓球运动教程［M］. 成都：四川大学出版社，2006.

2. 苏丕仁. 乒乓球运动教程［M］. 北京：高等教育出版社，2004.

第四节 航空体育课程设计——技巧类

体操技巧类项目运动的基本特点之一是既能全面又能重点地锻炼身体。体操技巧类项目可以有效增强肌肉力量，改善平衡能力，提高灵敏程度，塑造健美形体；可以有针对性地进行局部练习以达到平衡发展和矫正某些畸形的目的，这些特点是其他运动项目所不具备的。

体操技巧类运动的许多技能在生活中有很高的实用价值，可以有效提高人们克服障碍、自我保护的能力，如基本体操中的攀登、爬越、荡绳、搬运，技巧中的各种滚动、滚翻，器械体操中的各种上法、下法等。这些技能的掌握对人们在生活中特殊情况下的自我和相互救助、保护有很大帮助，也使得体操运动更加贴近生活实际。

技巧类项目——体操

中文课程名称：体操；英文课程名称：Gymnastics

一、课程简介

体操课程是一项对学生身体素质、力量、协调性的活动性重要课程。它在特殊的规则限制下，以特殊的形式和方法、手段，个体地进行活动，是一项人们喜闻乐见的全民健身活动的手段。通过该课程的学习，使学生掌握体操的技术动作和理论知识，以及体操的教学方法和保护技巧；提高学生的身体素质、心理和竞技水平；培养学生分析问题和解决问题的能力，开拓学生的思维，提高学生的综合应用能力；培养学生勇于拼搏、迎难而上的精神及互帮互助的良好道德品质。

二、课程教学的目标

通过该课程的学习，使学生在掌握体操的基本技术、教学方法和保护与帮助的技巧的同时，加强学生对问题的认识能力、分析能力、协作能力及处理应变的能力，为学生身体素质的整体提高打下良好的基础。

三、教学内容

1. 队列队形与专项身体素质的练习

（1）口令的分类及下达教法（2）原地队列动作

（3）队列定位转法（4）队列定位变化

（5）行进间队列变化（6）体操专项身体素质的练习

重点：口令的掌握及专项身体素质的练习方法。

难点：队列变换的组织。

2. 技巧

（1）滚翻类（前滚翻、后滚翻、鱼跃前滚翻、前滚翻直腿起、后滚翻直腿起、单肩后滚翻）

（2）手翻类（侧手翻、前手翻）（3）倒立类（头手倒立、肩肘倒立、手倒立）

（4）平衡类：俯平衡（燕式平衡）（5）保护与帮助的运用

重点：技术的掌握。

难点：手倒立及其与滚翻的顺畅衔接、保护与帮助的运用。

3. 跳跃

（1）挺身跳与分腿挺身跳（2）横马分腿腾跃（3）跳箱斜进直角腾跃（4）保护与帮助的运用

重点：横、纵马分腿腾跃。

难点：横、纵马分腿腾跃。

4. 单杠

（1）翻上成支撑（2）骑撑与支撑后回环（3）支撑后摆挺身下（4）保护与帮助的运用

重点：骑撑与支撑后回环。

难点：支撑后回环。

5. 双杠

（1）跳上支撑及前摆成分腿坐（2）支撑摆动与前摆挺身下（3）分腿坐（或直角支撑）慢起肩倒立接前滚翻成分腿坐（4）保护与帮助的运用

重点：技术的掌握与运用。

难点：分腿坐（或直角支撑）慢起肩倒立。

四、教学方式

本课程教学采用形象启发式的教学方法，提高学生的灵活性，增强学生的协同运动能力，培养学生团结协作的精神。

五、考核办法

1. 成绩评定

平时成绩（%）	理论成绩（%）	实践成绩（%）	总成绩
10	40	50	100

2. 考核方法

（1）平时成绩（占10%）：主要包括学习态度、课堂表现、课后作业和出勤情况。

（2）理论成绩（占30%）：根据南昌航空大学必修课指导纲要，理论试卷形式考核。

（3）实践成绩（占60%）：所学的技巧类、跳跃类、单杠、双杠的技术考试成绩。

技巧类（60%）：侧手翻→转体90°→鱼跃前滚翻→燕式平衡转体180°→手倒立前滚翻→头手倒立前滚翻→后滚翻直腿起→分腿挺身跳。跳跃类（20%）：（1）斜进直角腾跃；（2）横马分腿挺身跳。单杠（10%）：跳上成支撑→腹回环技术→骑撑及还原→后摆挺身下技术。双杠（10%）：跳上支撑分腿坐→慢起肩倒立→肩倒立前滚翻→前摆挺身下

六、推荐教材或讲义及主要参考书

童昭岗. 体操［M］. 北京：高等教育出版社，2005.

技巧类项——健美操

中文课程名称：健美操；英文课程名称：Aerobics

一、课程简介

健美操是根据飞行大学生的需求而开设的一门必修课程。健美操是以人体为对象，以健美为目标，以身体练习为内容，以艺术创造为手段，融体操、舞蹈、音乐等为一体的一项新兴的体育运动。通过学习该课程使学生学习和掌握形体、健美操基本理论知识、基本技术和基本技能，在此基础上扩大健美操运动领域的视野，充实理论和进一步提高技术，并在技术、技能提高的同时改善和塑造自身体能和体态。

二、教学目标

通过丰富多彩的健美操动作，使学生形成良好的身体姿态，发展学生健美操的综合素质，尤其在动作的协调性和灵敏性上得到加强和提高。从而达到锻炼身体、增强体质的目的。掌握健美操的基本动作和身体素质练习方法。培养学生参加健美操活动的能力、培养学生的节奏感、韵律感和表现力以及对健美操运动的热爱。

三、教学内容

1. 健美操理论教学内容

（1）健美操的起源与发展（2）健美操运动的特点及作用（3）健美操竞赛的组织（4）健美操规则及裁判法（5）健身健美操社会指导员职责与规范（6）健美操的基本动作和术语

重点：健美操的起源与发展；健美操的基本动作和术语。

难点：健美操运动的特点及作用。

2. 健美操技术教学内容

（1）基本形体训练

①形体站姿练习②压腿练习（正腿、旁腿、后腿）③踢腿练习（正腿、

旁腿、后腿）④控腿练习（正腿、旁腿、后腿）

重点：基本形体姿态、柔韧练习。

难点：身体控制感觉；腿部肌肉群的控制练习。

（2）基本步伐与基本手位训练

①基本步伐：踏步，开合跳，弓步跳，吸腿跳，弹踢跳，后踢腿跑，大踢腿。

②基本手位：侧下举，侧平举，侧上举，上举，体前平屈，胸前平屈，体侧屈，体前屈。

重点：掌握动作技术要点。

难点：身体的协调感觉。

（3）大众健身健美操基本小组合训练

重点：熟悉七个基本步伐，与手位配合的感觉。

难点：身体协调能力。

（4）有氧舞蹈练习

①肩部练习②胯部灵活动作练习③膝关节活动练习④音乐节奏的练习⑤有氧舞蹈组合动作练习

重点：培养对健美操运动的热爱。

难点：动作感觉、协调能力的提高。

（5）专项素质训练

①俯卧撑②腿部力量训练③腹肌训练④背肌训练⑤下叉（纵叉、横叉）⑥跳跃训练

重点：加强身体素质。

难点：手臂、腿部、腹、背的力量。

四、教学安排

本课程教学采用启发式的教学方法，培养学生参加健美操活动的能力、培养学生的节奏感、韵律感和表现力，以及对健美操运动的热爱。

五、教学要求

1. 技术方面：学生掌握健美操基本动作和成套完成、完美展示《全国全民健身操舞有氧舞蹈》。

2. 理论方面：使学生系统地了解健美操运动的基本理论知识、规则及裁判法，达到理论与实践相结合，为终身体育打下良好的基础。

3. 专业素质方面：素质练习贯穿于教学始终的同时，还应注意所受内容的全面性、系统性、趣味性和实效性。

六、考核方式与成绩评定

本课程考核方式为：设计健美操成套作品编排考核。

成绩评定：其中平时考核成绩占 20%，专项素质成绩占学期总成绩的 20%，技术考核占学期总成绩的 60%。

技巧类项——器械健身实践

中文课程名称：器械健身实践；英文课程名称：Apparatus Fitness Practice

一、课程简介

本课程主要为飞行学生介绍常见健身器材的功能及使用方法，同时也对人体各部位肌群的训练方法与所采用的器械二者进行了有机的结合，这样更有利于学生对器械及健身知识和方法的掌握。能更好的服务于社会大众健身人群的健身活动。通过该课程的学习，使学生了解当前常见健身器材的性能及参与训练的使用方法。

二、教学目标

通过本课程教学，使学生了解器械健身对身体各部位训练的功能，以及健身器材的性能，重点了解器械训练对身体各关节及肌肉部位功能的康复训练，使学生达到会做、能教的基本要求。基本掌握各健身器材的使用方法及性能。

三、教学内容

1. 理论

（1）器械健身概述（2）器械健身教学方法（3）器械健身原理

（4）器械健身营养（5）健身科学监控方法

重点：器械健身教学方法。

难点：器械健身原理与方法。

2. 实践

（1）人体各部位肌群的训练方法（2）器械名称及性能

（3）轻器械健身训练方法（4）健美比赛动作实践

重点：人体各部位肌群器械训练方法。

难点：健美比赛动作实践。

3. 器械健身计划的制定与实施

重点：器械健身计划的制定。

难点：器械健身计划的实施。

四、教学方法与习题要求

本课程主要是理论与实践相结合的课程，讲解基本理论，实践性操作教学及讨论式的教学方法。理论使用多媒体教学，作业是对讨论话题作出总结。

五、考核方式及成绩评定

本课程考试采用理论试卷，成绩考核分为平时考核和期末考核。

总评成绩 = 考勤 10% + 平时考核（作业、论文等，不少于 3 次）40% + 期末考试 50%。

考核内容	考核类型	考核方式	占总成绩比例
理论试卷	期末考核	开卷	70%
平时表现	考勤/平时表现	平时考核	30%

六、推荐教材或讲义及主要参考书

1. 黄锡祥. 器械健身健美运动教程［M］. 北京：人民体育出版社，2008.

2. 张先松．健身健美运动［M］．北京：高等教育出版社，2005.

第五节　航空体育课程设计——搏击类

搏击类项目——武术

中文课程名称：武术；英文课程名称：WuShu

一、课程简介

中国武术植根于民间，有鲜明的民族文化特色，历久不衰，是我国传统体育项目。它形式多彩、内容丰富，具有健身、防身、修性、竞技、娱乐等社会功能，不仅为大众喜闻乐见，而且得到世界各国人们的青睐。通过本课程的教学，使学生了解武术的形成和发展历史，理解武术运动的内在规律，掌握武术的基本理论、基本技术和技能，并"举一反三"，能自学、自练、会教，并能参与基层武术活动和裁判等工作。

二、教学目标

学生通过本课程的学习，学生能在先修运动解剖学、运动生物学等课程的基础上进行自我的学习与实践，科学解释体育健身原理的问题，并把握好武术学科的本质及其健身、养生、修复与治疗的体育康复实践意义。在此基础上，引导学生以实事求是的科学态度，发现并探讨武术在体育运动实践工作中解决体能、修复伤痛等实际问题，其根本目的就是提高学生养成自我习练、自我解决体育运动中伤痛与自我提高体育运动技术、技能的水平；树立终身体育的思想意识，为学生走向社会就业打下基础。

三、教学内容

1. 三段段位制长拳

（1）长拳的技术特点（2）基本功、基本动作及方法（3）五步拳

（4）三段段位制长拳全套动作

重点：武术的基本功、三段段位制长拳。

难点：柔韧性、手、眼、身、步的协调配合及精、气、神的表现。

2. 初级剑术

（1）剑术的技法特点（2）基本动作与方法（3）初级剑术全套动作

重点：剑术的基本动作与方法。

难点：剑术技术特点在演练中的体现。

3. 散手基本拳法、腿法、摔法

重点：散手腿法

难点：散手摔法

4. 身体素质

（1）1200 米长跑（2）立定跳远

重点：1200 米长跑的耐力。

难点：1200 米长跑的速度。

四、教学方式与习题要求

本课程要求飞行学生必须掌握一定的武术技术和武术套路。主要采用直观教学法、完整示范与分解示范、讲解等教学方式，其中观看武术套路录像2 学时。每次课后要求学生进行自练。

五、考核办法

本课程成绩考核采用考查的形式来评定学生成绩：平时考勤 20% ＋身体素质 20% ＋技术技评 60% 。

六、推荐教材或讲义及主要参考书

1. 邱丕相、朱瑞琪、郭志禹等．中国武术教程（上册）［M］．北京：人民体育出版社，2004.

2. 体育院、系教材编审委员会．武术（上册）［M］．北京：人民体育出版社，1984.

搏击类项目——跆拳道

中文课程名称：跆拳道；英文课程名称：Teadwondo

一、课程简介

本课程力图改变我国长期以来在教学训练工作中偏重"跆拳"，而对"道"的内涵在运动中的意义和重要性认识不足的问题。要在教学训练中根据不同阶段有计划、有重点地培养身体和精神结合，提高专业感知觉的能力。在提高技术、战术能力和体能的基础上，还要根据跆拳道运动思维特征，着重心智能力的培养和提高。

二、教学目标

本课程属于体能基础课，根据根据飞行大学生的需求，通过本课程的教学，使学生了解跆拳道的形成和发展历史，理解跆拳道运动的内在规律，掌握跆拳道的基本理论、基本技术和技能，并"举一反三"，能自学、自练、会教。

三、教学内容

1. 腿法

（1）腿法的技术特点（2）基本功、基本动作及方法（3）前踢（4）横踢（5）下劈（6）后踢（7）双飞踢（8）后旋踢（9）腾空旋转踢

重点：跆拳道的基本功、各种基本的腿法。

难点：柔韧性、协调性、眼、身、腿、步的协调配合及气势的表现。

2. 品势：跆拳道太极八章

（1）品势的技法特点（2）基本动作与方法（3）太极八章全套动作

重点：品势的基本动作与方法。

难点：品势技术特点在演练中的体现。

3. 跆拳道基本拳法、摔法、关节技

重点：跆拳道身体技法。

难点：跆拳道身体技法。

4. 身体素质

（1）1200 米长跑（2）立定跳远（3）30 米冲刺跑。

重点：1200 米长跑的耐力和 30 米冲刺跑的爆发力。

难点：1200 米长跑的速度 30 米冲刺跑的持续性。

四、教学方法与习题要求

本课程主要采用直观教学法、完整示范与分解示范、讲解等教学方式，其中观看跆拳道比赛录像 2 学时。每次课后要求学生进行自练。

五、考核方式及成绩评定

考核总评 = 考勤 10% + 理论 30% + 身体素质 30% + 技术技评 30%。对学生技术进行独立评定。

六推荐教材或讲义及主要参考书

刘卫军. 跆拳道［M］. 北京：北京体育大学出版社，2000.

第六节　航空体育课程设计——拓展类项目

拓展类项目——瑜伽

中文课程名称：瑜伽；英文课程名称：Yoga

一、课程简介

瑜伽课程的主要任务是初步介绍瑜伽的历史与哲学、瑜伽体位法、呼吸法、收束法、凝视法、串联体位法、冥想法，并将运动解剖学、生物生物学、运动力学原理应用在瑜伽习练实践中，达到学习锻炼的安全性。通过本课程的学习，使学生掌握瑜伽的基本体位和运动技能的规律，丰富学生传统体育健身、养生知识，培养学生在未来社会体育领域中综合指导能力打下良好的基础。

二、教学目标

学生能在运动解剖学、运动生物学等课程的基础上进行自我的学习与实践，科学解释体育健身原理等问题，并把握好瑜伽学科的本质及其健身、养生、修复与治疗的体育康复实践意义。在此基础上，引导学生以实事求是的科学态度，发现并探讨瑜伽在体育运动实践工作中解决体能、修复伤痛等实际问题，其根本目的就是提高学生养成自我习练、自我解决体育运动中伤痛与自我提高体育运动技术、技能的水平；树立终身体育的思想意识，为学生走向社会就业打下基础。

三、教学内容

1. 瑜伽基础理论

（1）瑜伽运动概述（历史与哲学）（2）瑜伽的功效及原理

（3）运动营养及瑜伽饮食（4）瑜伽学习的原则与注意事项

重点：瑜伽的功效及原理、运动营养及瑜伽饮食。

难点：运动损伤的预防。

2. 瑜伽动作技术

（1）瑜伽体位：基本体位

①坐式：简易坐、雷电坐、平常坐、武士坐、金刚坐、至善坐、半莲花坐、莲花坐

②手势：秦手印 、智慧手印

③头、颈部练习（屈、伸、扭转）

④肩、胸部练习（提沉、绕、含、展）

⑤脊柱练习（屈、伸、拱）

⑥臂部练习（伸展、交叉、扭转）

⑦腿部练习（蹲、立、抬、控、踢）

⑧膝部练习（坐正屈、伸、绕；半莲花坐屈伸）

⑨脚踝练习（坐正双脚伸、勾、绕）

⑩站立练习（山式、下犬、三角式、战士式）

⑪收束与契合法：收颌、凝视、胎息、第三眼凝视契合

⑫冥想（精神放松、仰尸式）

重点：形站立练习。

难点：全身肌肉、精神的控制练习。

（2）瑜伽常用体位

①山式（祈祷式）

②后仰、骆驼式：合掌、闪电、双臂

③前屈式：合掌、闪电、双臂

④蛇击式、上犬式

⑤下犬式

⑥三角扭转式

⑦战士一、二式

⑧眼镜蛇扭动式（左、右）

⑨坐立山式——背部伸展式

⑩双角式

⑪上伸腿式、船式：V 字平衡式

⑫坐角式

⑬倒立式：肩、头、靠墙

⑭犁式：半犁、犁式挂耳、犁式扭转

⑮桥式：头、双臂

⑯鸽王式、鹭式、虎式

⑰单腿站立平衡：树式、鹰式、半月式、战士三式、舞者式、手抓脚趾单腿站立

⑱劈叉式：神猴式

⑲弹簧式（仰卧起坐）

⑳瑜伽身印

重点：单腿的平衡与力量的练习。

难点：身体控制与稳定性练习。

（3）瑜伽调息法：腹式呼吸，胸式呼吸，完全呼吸，单鼻孔清理经络呼吸

重点：呼吸的长、深、匀。

难点：鼻吸、鼻呼的技术。

（4）瑜伽串联动作：（拜日十二式、阿师汤加串联瑜伽、双人瑜伽）

重点：双人瑜伽训练。

难点：双人动作的配合与稳定性。

四、教学方式与习题要求

本课程教学采用形象启发式的教学方法，培养学生参加瑜伽活动的能力、培养学生正确的身体姿态、柔韧和气质及对瑜伽运动的热爱。

五、考核办法

本课程成绩考核采用考查的形式来评定学生成绩：平时考勤 20% ＋身体素质 20% ＋技术技评 50%（初、中级）＋自创动作 10%。

六、推荐教材或讲义及主要参考书

1. 韩俊. 瑜伽初级教程［M］. 沈阳：辽宁科学技术出版社，2010.

2. 日知生活编委会. 瑜伽练习分步图解［M］. 上海：上海科学普及出版社出版，2008.

3. 科雯. 瑜伽 52 式健康功效图谱［M］. 北京：中国纺织出版社，2006.

4. 张惠兰，柏忠言. 瑜伽气功与冥想［M］. 北京：人民体育出版社，2008.

拓展类项目——毽球

中文课程名称：毽球；英文课程名称：Foot Shuttlecock

一、课程简介

键球是一门实践很强的课程，键球运动具有足球、排球、羽毛球三者的特点，足球的基本技术，排球的战术意识，羽毛球的步伐移动，是一项良好的全身运动。键球运动是一项竞技性强，又十分吸引人的新颖比赛项目，动作丰富多彩。键球比赛时，两队隔网竞争，定位轮换，要求运动员有较强的空间和时间概念，掌握全面的攻防技术，随时做出各种移动、跑动、跳跃、摔救等动作，这对于发展身体机能，增强体质，锻炼人们的灵敏，速度弹跳力、耐力、力量和柔韧等素质有着良好的作用。通过学习使学生了解掌握一定的基本运动技巧，学会基本的比赛及战术布置。本课程是体育学院体育专业任选课，通过该课程的学习，使学生了解键球运动的竞赛方法和理论知识，以及键球运动发展的现状和趋势；提高身体素质、心理和竞技水平；培养学生分析问题和解决问题的能力，开拓学生的思维，提高学生的综合应用和创新能力；培养学生顽强拼搏精神、互帮互助的良好道德品质，以及终身体育意识和锻炼的方法。

二、课程教学的目标

通过该课程的学习，使学生在提高身体素质，键球基本技术水平的同时，加强并提高学生对问题的认识能力、分析能力、协作能力及处理应变的能力，为学生从事体育运动健身指导打下良好的体育技能基础。键球运动是团队的集体项目，可以很好的培养团结协作的集体主义精神和反应速度，机智灵敏，勇敢顽强，积极果断等优良品质。

三、教学内容

1. 基本理论

（1）键球运动发展简介，国内外键球运动概述（2）键球运动的竞赛规则与裁判法

重点：键球的健身价值。

难点：技术的灵活运用。

2. 键球运动的基本技术

（1）基本踢球技术：脚内侧踢、脚外侧踢、脚背踢球（2）触球：大腿触球、胸腹部触球、头部触球、踩球、倒钩（3）发球：脚内侧发球、脚背发球

重点：基本技术的掌握能力。

难点：技术合理运用能力。

3. 毽球运动的基本战术

（1）中一二战术（2）边一二战术（3）单、双人拦网战术

重点：个人战术的运用。

难点：战术配合运用。

4. 花毽技术

（1）盘踢、磕踢、悬踢（2）拐踢、绷踢、地拐（3）脚尖停毽、里接、担山（4）两人对踢

重点：花毽技术的掌握。

难点：腿法的掌握。

四、教学方式

本课程教学采用启发式的教学方法，阶段性考核方式，通过分组比赛培养学生协同合作的精神。

五、考核办法

考核方式：本课程是考查课程。采用技术考核＋比赛考核，注重平时过程考核。

成绩评定：考勤10%，技术考核40%，比赛考核50%。

六、推荐教材或讲义及主要参考书

1. 张军，龙明. 毽球运动［M］. 北京：高等教育出版社，2008.

2. 郭七正. 中国花毽［M］. 北京：中国社会出版社，2010.

3. 王秀民. 怎样踢毽球［M］. 北京：金盾出版社，2007.

拓展类项目——跳绳

中文课程名称：跳绳；英文课程名称：Jump Rope

一、课程简介

跳绳是专门为飞行大学生开设的发展身体素质的课程，通过此项运动，可以有效地锻炼学生的心肺功能，发展学生手脚的协调能力，以达到增强学生体质、培养他们顽强的意志品质，促进德、智、体、美全面发展的目的。主要内容安排了全国跳绳等级规定动作一、二级条路，单人跳、双人跳和集体跳。通过跳绳课程让学生掌握跳绳运动的基本知识、基本技能和方法，并能在日常锻炼中加以运用；提高学生的体能与环境的适应能力，促进其身心全面发展；培养学生良好的思想作风、顽强的意志品质、强烈的意识、高尚的团队精神。同时为了让学生在课堂中更快乐的参与体育锻炼，激发学生参与跳绳学习热情，启发学生掌握跳绳锻炼的方法，提高学生自主锻炼的能力，培养学生经常锻炼的习惯，使体育锻炼成为他们的自觉行为和生活方式，使体育锻炼成为他们的自觉行为和生活方式。

二、教学目标

跳绳目标就是为了充分尊重和满足学生的差异性特点和多元化需求，为学生提供更多的课程选择权利，使学生的个性得到更充分和全面的发展，在体育中实施"快乐跳绳"，让学生在课堂里更多的参与其中，激发学生的学习兴趣，掌握跳绳方式和方法，同时提高学生的耐力、反应能力、协调、速度、灵敏等素质，为以后的体育运动提供一个良好的基础。

三、教学内容

1. 跳绳理论教学

（1）跳绳的起源与发展　（2）跳绳运动的特点及作用

（3）跳绳规则及裁判法

重点：跳绳规则及裁判法。

难点：跳绳运动的特点及作用。

2. 跳绳的技术教学内容

（1）基本动作训练

①单摇②双摇③单人跳④多人跳

重点：双摇。

难点：手和脚的协调配合。

（2）规定动作训练

左右甩绳、并脚跳、双脚交换跳、开合跳、弓步跳、并脚左右跳、基本交叉条、勾脚跳、弹踢腿跳、后屈腿跳、吸腿跳、左右钟摆跳、踏跳步、左右甩绳直摇跳、手臂缠绕、前后转换跳。

重点：脚步的步法。

难点：手和脚的配合。

（3）专项素质训练

①仰卧举腿②俯卧撑

重点：加强身体素质。

难点：手臂、腿部的力量控制。

四、教学方式与习题要求

本课程教学采用启发式教学方法，在教学中期和后期播放跳绳比赛录像片，了解本项目的最高水平和艺术魅力，提高学生的学习兴趣。

五、考核办法及成绩评定

本课程成绩考核分为平时考核和期末考核，平时考核（出勤、上课表现、作业等）占30%，期末技术考核（现场考核）占70%。

六、推荐教材或讲义及主要参考书

1. 刘树军．花样跳绳［M］．北京：高等教育出版社，2007.

2. 王虹．花样跳绳［M］．北京：北京师大出版社，2014.

3. 张欣．绳彩飞扬［M］．北京：高等教育出版社，2009.

拓展类项目——拓展训练

中文课程名称：拓展训练；英文课程名称：Outward Development

一、课程简介

拓展训练是体验式培训中外展训练的一种，强调的是一种体验，是一种由内至外的自我教育。拓展训练项目主要由陆、海、空三类组成。水上项目包括游泳、跳水、扎筏、划艇等；野外项目包括远足露营、登山攀岩、野外定向、伞翼滑翔、野外生存技能等；场地项目是在专门的训练场地上，利用各种训练设施，如高架绳网等，开展各种团队组合课程及攀岩、跳越等心理训练活动。拓展训练的所有项目都以体能活动为引导，引发出认知活动、情感活动、意志活动和交往活动，具有很强的教育意义。

二、教学目标

通过本课程的学习，使学生掌握拓展训练项目的组织开展和创编，培养学生的创新精神；通过体验拓展项目，培养学生的集体意识及自我挑战精神等。

三、教学内容

1. 团队拓展训练起源与发展

（1）拓展训练的起源

（2）拓展训练的创建

（3）拓展训练在国内外的发展

（4）高校团队拓展训练情况

2. 团队拓展训练理论基础

（1）体验式学习

（2）团队与团队学习

（3）冒险学习与避险求生学习

（4）多学科的理论学习

3. 团队拓展训练价值功能

（1）团队拓展训练的全适能价值

（2）团队拓展训练的体适能价值

（3）团队拓展训练的心适能价值

（4）团队拓展训练的群适能价值

4. 团队拓展训练必备技能常识

（1）拓展训练的安全常识

（2）拓展训练学员行为规范

（3）野外急救常识

（4）野外生存技巧

（5）野外宿营常识

5. 团队拓展训练活动流程

（1）前期准备

（2）挑战体验

（3）分享总结

（4）提升心智

（5）改变行为

6. 团队拓展训练项目介绍

（1）热身项目

（2）场地项目

（3）高空项目

（4）水上项目

（5）野外项目

（6）组合项目

7. 团队拓展训练教学实例

（1）拓展训练动员

（2）拓展训练实施

8. 团队拓展训练过程记录

（1）团队拓展训练学员健康状况调查表

（2）团队拓展训练记录表

（3）团队拓展训练再思考

（4）团队拓展训练总结

（5）指导教师评价表

四、教学方法与习题要求

本课程主要采用启发式、探究式、参与式教学，以学为主，重视学生的课堂体验。在教学后期安排学生分组设计一项拓展活动，并在课堂上组织实施。

五、考核方式及成绩评定

考核方式：考查。

成绩评定：平时 30% + 作业 20% + 考核 50%。

六、推荐教材或讲义及主要参考书

1. 李文国. 拓展训练［M］. 大连：东北财经大学出版社，2015.

2. 厉丽玉. 户外运动与拓展训练［M］. 杭州：浙江大学出版社，2012.

拓展类项目——游泳与救护

中文课程名称：游泳与救护；英文课程名称：Swimming

一、课程简介

游泳是一种凭借自身身体与肢体动作和水的作用力，在水中活动或前进的技能活动。人类的游泳一直与生存、生产、生活紧密联系，是人类在同大自然斗争中为求生存而产生的，随着人类社会的发展，游泳逐渐成为体育运动的重要项目。本课程是社会体育本科专业学科专业必修课，使学生了解游泳运动的发展现状和趋势；竞赛方法、教学、科研等理论知识，学习掌握游泳基本技术、技能，以及水中救生的基本技能。游泳时周期性、重复性运动项目中最复杂的一种，与其他重复性项目相比，游泳需要动用的肌肉群更多，动作幅度更大，配合要求更加准确协调。使学生了解游泳运动的发展现状和趋势；竞赛方法、教学、科研等理论知识，学习掌握游泳基本技术、技能，以及水中救生的基本技能。游泳时周期性、重复性运动项目中最复杂的一种，与其他重复性项目相比，游泳需要动用的肌肉群更多，动作幅度更大，配合要求更加准确协调。

二、教学目标

通过该课程的教学，使学生掌握游泳的基本理论、基本技术、基本技能和有关游泳教学、训练、竞赛组织、救护等工作的能力，培养学生科学健身、休闲娱乐的运动技术、技能，以及分析问题和解决问题的能力，发展学生的开拓思维、综合应用和创新能力；培养学生顽强拼搏精神和良好的道德品质，以及终身体育的意识和锻炼的方法，以达到培养目标的要求。

三、教学内容

1. 游泳理论知识

（1）游泳运动与发展（2）水中运动原理（3）游泳技术分析（4）游泳卫生与救护

重点：游泳技术分析、游泳卫生与救护。

难点：游泳技术分析。

2. 游泳基本技术分析与训练

（1）熟悉水性：水中行走；呼吸练习；浮体与站立练习；滑行练习；踩水练习。

（2）蛙泳技术：腿部动作练习；手臂动作与呼吸配合动作练习；完整配合动作练习与分析。

（3）爬泳技术：腿部动作练习；手臂动作与呼吸配合动作练习；完整配合动作练习与分析。

（4）仰泳技术：腿部动作练习；手臂动作与呼吸配合动作练习；完整配合动作练习与分析。

重点：蛙泳、爬泳、仰泳、蝶泳基本技术的掌握。

难点：呼吸与动作的配合。

3. 水上救护

（1）游泳救生法的运用与操作

（2）急救及心肺复苏

重点：游泳救生法的学习与运用。

难点：游泳救生法的实践与操作。

4. 游泳专项素质训练

（1）身体素质训练的意义与目的（2）专项素质训练的内容与方法

重点：专项身体素质的练习方法。

难点：根据专项特点有目的的提高专项素质。

四、教学方法与习题要求

本课程的主要采用讲解示范，配以启发式的诱导，以案例式、研究式教学配合录像片的技术动作分析等教学方法；使学生在各种有效的教学方法中，学习掌握游泳的基本技术、基本技能与教学方法。并要求学生写一篇游泳教学与训练的教案习题。

五、考核方式及成绩评定

游泳与救护考核方式及成绩评定

考核项目	标准	分数	权重
50 米蛙泳/25 米自由泳	能动作标准连贯地独立完成 50 米蛙泳/25 米自由泳，呼吸动作标准节奏正确，游进途中不能在池中站立，扶水线停顿或中途更换其他泳姿。	90～100	60%
	能动作标准连贯地完成游 50 米蛙泳/25 米自由泳，呼吸动作连贯，游进途中不能在池中站立，扶水线停顿或中途更换其他泳姿。	75～89	
	能独立完成 50 米蛙泳/25 米自由泳，动作基本标准，能掌握基本的呼吸动作，游进途中稍有停顿。	60～74	

考核项目	标准	分数	权重
50 米蛙泳/25 米自由泳	不能独立完成 50 米蛙泳/25 米自由泳，不能完成呼吸动作。	60 分以下	60%
理论考试	题库抽题分为 A、B、C 三套试卷，学生随机抽取其中一套进行答题，题目类型为填空、简答题和论述题。	按试卷分数评分	20%
平时	请假、迟到 10 分钟 1 次扣 5 分；迟到、早退 15 分钟按一次旷课处理，扣 10 分；无故缺、旷课 4 次不能参加考试，成绩计 0 分（重修）。	0 ~ 100	20%

六、推荐教材或讲义及主要参考书

1. 温宇红著．游泳教学和训练双语教材［M］．北京：北京体育大学出版社，2009.

2. 许琦主编．水上救生技术［M］．北京：北京体育大学出版社，2006.

拓展类项目——户外运动概论

中文课程名称：户外运动概论；英文课程名称：Outdoor Sports Concept

一、课程简介

户外运动是指在室外进行的体育运动，可以分为广义的户外运动和狭义的户外运动，一般室外的体育运动可以划分到广义的户外运动中。狭义上的户外运动则是指"人们在空闲的时间时候，为了达到自身身体健康、放松和休息、人际交往及寻求刺激和冒险等，采用体育运动的形式在山地、湖泊、沙漠、高原等各种特殊自然环境下进行的各种休闲活动"。与其他休闲活动相比，户外运动表现出的特征有人与自然的高度融合性、环境的影响和控制性、活动的探索性和挑战性等几个方面。当前随着社会的发展，人们健身的参与行为向多层次发展，户外运动更是受到很大一部分人的青睐，作为社会体育专业休闲体育方向课程，在本课程中，介绍了户外运动的概念、起源与发展、分类、装备、安全及国内目前主流项目漂流、定向、远足、登山、攀岩、蹦极、丛林穿越等活动的组织与实施。本课程是社会体育指导与管理专业休闲体育方向课程。该课程介绍了人们在休闲的时候，为了身体健康、放松休息、人际交往、寻求刺激和冒险挑战等目的而采取运动的形式在山地、湖泊、沙漠和高原等特殊自然环境下进行的各类休闲活动，具有智力性、益智性、智慧型、娱乐性、休闲性等特点。

二、教学目标

通过该课程的学习，使学生对户外运动的理论知识有所把握，同时培养学生常见户外运动的组织与实施等能力。

三、教学内容

1. 理论部分

（1）户外运动的概念、起源与发展（2）户外运动的分类（3）户外运动的安全（4）户外运动的装备

重点：户外运动的安全与装备。

难点：户外运动的概念与分类。

2. 实践部分

（1）山地户外运动（2）野外生存（3）野外自救与求救（4）洞穴探险（5）攀岩与登山（6）滑冰（7）户外运动风险管理（8）户外运动计划的制定（9）户外运动的营养

重点：多个户外运动的内容及实施环节的把握。

难点：各个户外运动的实践。

四、教学方法与习题要求

本课程主要是理论性学习的课程，讲解基本理论，实践性操作教学及讨论式的教学方法。理论使用多媒体教学，作业是对讨论话题作出总结。

五、考核方式及成绩评定

本课程考试采用理论试卷，成绩考核分为平时考核和期末考核。

成绩评定：总评成绩＝考勤10%＋平时考核（作业、论文等，不少于3

次）40％＋期末考试50％。

六、推荐教材或讲义及主要参考书

1. 董范，国伟，董利．户外运动学［M］．北京：中国地质大学出版社，2009.

2. 董立．大学生户外运动［M］．成都：西南交通大学出版社，2010.

2. 绿野户外网［OL］．

3. 中国户外运动网［OL］．

拓展类项目——定向运动

中文课程名称：定向运动；英文课程名称：Orienteering

一、课程简介

定向运动最早起源于欧洲，主要是由军事活动及地质探测等逐渐演变成的一项体育运动，当前该项运动在芬兰、丹麦、瑞典、瑞士、俄罗斯等国开展得较好，水平较高。该项运动不仅要求参与者要有较好的体能素质基础，并且还要有地图识别能力及果断的决策能力。20世纪80年代该项运动进入中国，到现在也蓬勃开展起来，参与人数逐年增加，但目前该项赛事在我国还局限在公园定向与校园定向阶段。社会体育专业学生通过该课程的学习，掌握定向运动的基本理论知识，同时具备一定的校园定向、公园定向及百米定向、团体定向赛事的组织与策划能力。本课程是一门集体育、军事技能及生活常识为一体的综合性课程。是借助地图和指北针，按规定的顺序寻找若干个标绘在地图上的地面检查点，并以最短时间完成全赛程的体育运动。具有智力性、益智性、智慧型、娱乐性、休闲性等特点。

二、教学目标

该课程教学主要以培养学生独立自主解决问题的能力，培养学生逻辑思维的能力，帮助学生掌握对地图阅读和判断的知识，培养学生英雄主义的品德素质，帮助学生掌握一项军事技能，培养学生的国防意识；同时培养学生应对挫折、压力的心理素质，促进学生强身健体和复杂地形条件下的奔跑能力。其教学任务是在学习并掌握地图阅读技巧并具备充沛的体能之后，通过对定向运动的实践来培养学生对路线选择能力及计划能力，培养学生冷静思考能力和观察能力，增强学生的团体意识和组织能力与协调能力，更注重学生的体育兴趣和体育需求的培养。

三、教学内容

1. 理论部分

（1）定向运动的起源、演变和发展

（2）定向运动的特点

（3）定向运动的竞赛规则

（4）定向运动与心理健康

重点：定向运动的竞赛规则。

难点：定向运动的的组织与裁判技巧的掌握。

2. 实践部分

（1）定向运动的物质条件

（2）定向运动地图的基本知识

（3）地貌的基本形态

（4）定向运动的基本技能

（5）定向运动的战术

（6）定向运动的组织与裁判

（7）校园定向与公园定向

（8）越野定向、团体定向与定向接力赛

重点：定向运动的基本技能。

难点：定向运动的过程中理论与实践的结合。

四、教学方法与习题要求

本课程主要是实践性学习的课程，讲解基本理论，实践性操作教学及讨论式的教学方法。理论使用多媒体教学，作业是对讨论话题作出总结。

五、考核方式及成绩评定

本课程为技术类考查课，成绩考核分为平时考核和期末考核。

成绩评定：总评成绩＝考勤 10% ＋平时考核（作业、论文等，不少于 3 次）40% ＋期末考试 50%。

考核内容	考核类型	考核方式	占总成绩比例
校园定向（个人）	期末考核	比赛排名	30%
百米定向（个人）	期末考核	比赛排名	20%
团体定向	期末考核	比赛排名	20%
平时表现	考勤/平时表现	技评	30%

为了提高学生对该课程学习的积极性，最后技术环节考核采用比赛排名的方式进行。具体如下：

校园定向

分数	30	28	26	24	22	20	18	16	14	12	10
名次	1—3	4—6	7—9	10—12	13—15	16—18	19—21	22—24	25—27	28—30	31—

百米定向

分数	20	18	16	14	12	10	8	7	6	5
名次	1—3	4—6	7—9	10—12	13—15	16—18	19—21	22—24	25—27	28—

团体定向

分数	20	18	16	14	12	10	8	7	6
名次	1	2	3	4	5	6	7	8	9—

（注：各项目对应分值下的名次，可根据班级学生数量做相应调整，但要以提高学生的竞争性原则为主）

六、推荐教材或讲义及主要参考书

1. 王翔，张新安. 定向运动［M］. 北京：高等教育出版社，2005.

2. 张惠红等编著. 定向越野［M］. 南京：江苏科学技术出版社，2006.

第七节 航空体育课程设计——专项器械类

航空体育专项器械类主要是选择了航空体育专项器械为基本组合，发展飞行大学生民航驾驶所必备的身体素质和体能，以适应现今民航业的快速发展对民航飞行员的身心智综合要求。

除了具有一般体育项目增强体质的功能外，还能有效的增强飞行人员的平衡机能及在各种非正常状态下控制身体的能力。另外，它在培养飞行人员机智灵活、勇敢果断、团结协作等优秀品质方面也具有非常良好的作用。因此，提高空间定向能力素质应作为飞行人员体育训练教学的重点科目。

固定滚轮、活动滚轮、旋梯和转椅是在运动中进行的，因此，了解器械的启动、制动原理，对于掌握器械的各项技术有重大意义。对提高飞行学员前庭分析器的机能，改善中枢神经对血管系统的调节机能，增强学员承受强负荷的能力，促进平衡机能稳定性和判定方位的能力，锻炼肌肉放松与紧张的协调能力，增强关节韧带和发展臂部、腹部和下肢肌肉力量，提高学员的抗眩晕能力和保持身体平衡的能力，并培养勇敢、果断、机智等意志品质和团结友爱的协作精神都有重要的作用。

专项器械类项目——固定滚轮

中文名称：固定滚轮；英文名称：Fixed Roller

一、课程简介

固定滚轮训练是飞行员为了提高空间定向能力而特有的一种训练手段，固定滚轮运动是在固定的轮子里，通过人体重心移动变化使轮子转动，从而使身体得到锻炼的运动项目。经常进行固定滚轮练习，对提高空间定向能力有显著效果。所谓空间定向能力就是指人对自己在空间的姿态、位置和运动的判断及认识能力，即前庭平衡功能。高素质的飞行员不但要具有驾驶飞机的理论知识和实际操作能力，还应具备适合飞行工作的身体素质，特别是前庭平衡能力。

二、教学目标

本课程属于航空体育专项体能训练的专门器械练习，固定滚轮具有转动速度快、离心力较大的运动以及对前庭器官刺激比较大的运动特点，经常进行固定滚轮锻炼，能提高飞行人员的前庭耐力。通过本课程的学习和练习，重点发展飞行学生前庭耐力和抗眩晕的能力。

三、教学内容

1. 左右侧转

2. 前后转

3. 前后卧转

4. 挂足前后转

四、教学方法与习题要求

本课程主要采用启发式、探究式、参与式教学，以学为主，重视学生的课堂体验。在教学后期安排学生分组设计一项拓展活动，并在课堂上组织实施。

五、考核方式及成绩评定

本课程成绩考核分为平时考核和期末考核，平时考核（出勤、上课表现、作业等）占30%，期末技术考核（现场考核）占70%

六、推荐教材或讲义及主要参考书

1. 宋佩双. 航空体育［M］. 西安：西安地图出版社，2014.

专项器械类项目之二——活动滚轮

中文名称：活动滚轮；英文名称：Active Roller

一、课程简介

活动滚轮具有技巧性强的运动特点，复杂且变化多样。在练习过程中既可作矢状面绕额状轴前后回环运动，又可作额状面绕矢状轴旋转左右运动。除此之外，还可作矢状面、水平面绕矢状轴、额状面、额状轴、垂直轴旋转"前后螺旋"运动。通过反复练习不同类型的动作，对飞行人员的灵敏协调能力和平衡能力等身体素质能起到改善作用。

二、教学目标

本课程属于航空体育专项体能训练的专门器械练习，是在固定滚轮的基础上的提高和升华，通过本课程学习，可以增强学员的力量、胆量和模拟飞行加速度，锻炼学员的抗眩晕能力，提高学员的操纵能力及自己在空间的姿态、位置和运动的判断及认识能力，极富挑战性。

三、教学内容

1. 挂足前后滚

2. 大错臂前后滚

3. 侧滚

4. 踏环侧滚

5. 支撑前滚

6. 挂膝后滚

7. 穿杠摆越

8. 燕式前滚

9. 骑杠滚

10. 前后螺旋

四、教学方法与习题要求

本课程主要采用启发式、探究式、参与式教学，以学为主，重视学生的课堂体验。在教学后期安排学生分组设计一项拓展活动，并在课堂上组织实施。

五、考核方式及成绩评定

本课程成绩考核分为平时考核和期末考核，平时考核（出勤、上课表现、作业等）占30%，期末技术考核（现场考核）占70%

六、推荐教材或讲义及主要参考书

1. 宋佩双．航空体育［M］．西安：西安地图出版社，2014.

专项器械类项目——旋梯

中文名称：旋梯；英文名称：Rotation

一、课程简介

本课程属于航空体育专项体能训练的专门器械练习，属于航空体育专项训练的高级训练活动。旋梯训练是为了提高飞行员空间定向能力而特有的一种训练手段。空间定向能力是飞行员必备的主要身体素质之一。空间定向能力素质的好坏直接关系着飞行训练和飞行安全，而空间定向能力差又是飞行员的常见问题，尤其在飞行学员中常见，这不仅严重影响飞行学习，甚至可危及飞行安全。它的主要功能是锻炼人的平衡机能稳定性，培养勇敢顽强的精神，是飞行员体能训练必备的专门器械之一。

二、教学目标

旋梯能够有效锻炼飞行学生的平衡机能，日常教学中，在常规训练的基础上，应重点加强闭眼、运动状态变化等辅助手段，综合提高学生身体控制能力，使其平衡机能得以均衡发展。旋梯器械作为特项器械训练中的一项，在对抗身体眩晕感觉有着一定的辅助与帮助作用。

三、教学内容

1. 摆动

2. 制动

3. 前回环

4. 后回环

5. 下法

四、教学方法与习题要求

1. 学习起、制动

2. 在同伴帮助下体会回环动作

3. 独立完成练习

4. 在前后回环相当熟练后，再学习坐杠后回环

5. 练习前上方回摆时，踏杠脚跨入下杠或坐姿

6. 在同伴帮助下完成动作

7. 独立完成动作

五、考核方式及成绩评定

本课程成绩考核分为平时考核和期末考核，平时考核（出勤、上课表现、作业等）占30%，期末技术考核（现场考核）占70%。

六、推荐教材或讲义及主要参考书

1. 宋佩双. 航空体育［M］. 西安：西安地图出版社，2014.

专项器械类项目——浪木

中文名称：浪木；英文名称：Langmu

一、课程简介

本课程属于航空体育专项体能训练的专门器械练习，是提高飞行学生平衡能力、抗眩晕能力和空间定向能力的重要手段。空间定向能力素质的好坏直接关系着飞行训练和飞行安全，本课程重点解决飞行大学生空间定向能力差问题，它的主要功能是锻炼人的平衡机能稳定性，培养勇敢顽强的精神，是飞行员体能训练必备的专门器械之一。

二、教学目标

浪木能够有效锻炼飞行学生的平衡机能和空间定向能力，本课程的主要教学目标是，通过各种学习和练习，提高学生控制身体的能力，在此基础

上，能够准确判断方位并保持身体平衡。因此，日常教学中，在常规训练的基础上，也应加强闭眼、运动状态变化等辅助手段，综合提高学生身体控制能力，使其平衡机能得以均衡发展。浪木器械作为特项器械训练中的一项，在空间定向和保持身体平衡方面均有一定的辅助与帮助作用。

三、教学内容

1. 摆动中跳上与跳下

2. 摆动中前进与后退

3. 摆动中向后转

4. 摆动中跳跃

四、教学方法与习题要求

1. 在同伴的扶持下练习跳上、跳下

2. 练习者站在浪木上，在同伴的扶持下练习前进与后退

3. 在同伴的扶持下完成练习、独立完成练习

五、考核方式及成绩评定

本课程成绩考核分为平时考核和期末考核，平时考核（出勤、上课表现、作业等）占30%，期末技术考核（现场考核）占70%。

六、推荐教材或讲义及主要参考书

1. 宋佩双 . 航空体育［M］. 西安：西安地图出版社，2014.

第八节　航空体育课程设计——选修理论类

运动损伤

中文课程名称：运动损伤学；英文课程名称：Sports Injury

一、课程简介

运动损伤学是运动医学的重要组成部分，主要任务是防治运动损伤、研究损伤的发生规律、机制、防治措施、治疗效果及康复和伤后训练安排等。为改善运动条件，改进教学训练方法，提高运动成绩和健康水平提供科学依据。主要教学目标为使学生重视运动损伤的预防工作，掌握发生规律，并采取有效安全措施，最大限度地避免损伤的发生，在实践中保证体育运动参加者的身体健康，提高教学和训练的效果。运动损伤学是运动医学的重要组成部分，主要任务是防治运动损伤、研究损伤的发生规律、机制、防治措施、治疗效果及康复和伤后训练安排等。通过本课程的讲授，使学生能在正确认识人体机能活动基本规律基础上，进一步探讨体育活动对人体机能发展变化的影响，从而能更好地进行体育锻炼和运动训练，更好地进行体育实践。

二、教学目标

通过本课程的学习，使学生在对人体基本机能活动规律有了基本了解的基础上，进一步掌握运动损伤发病的基本规律及机制；懂得体育教学和运动训练过程中的运动损伤的检查与诊断，并学会从进行功能锻炼，以达到增进健康、提高体能、防治一些常见疾病和提高运动水平的目的。

三、教学内容

1. 运动性损伤概论

（1）运动性损伤的分类（2）运动损伤的发病规律及其特点（3）运动损伤的病因（4）运动损伤的预防

重点：运动损伤的分类、病因及预防。

难点：运动损伤的发病规律。

2. 运动性损伤的检查与诊断

（1）望诊（2）问诊（3）闻诊（4）切诊（5）物理学检查与诊断

重点：运动损伤的望闻问切。

难点：听关节的响声、听骨擦音、听骨传导音、听损伤引起皮下气肿的摩擦音。

3. 运动性损伤的急救

（1）急救概述（2）包扎（3）软组织损伤的急救（4）出血的急救（5）骨折的急救（6）关节脱位的急救（7）心跳呼吸骤停的急救（心肺复苏术）（8）抗休克（9）伤员的搬运

重点：包扎技术、软组织损伤、出血、骨折的急救，心肺复苏术。

难点：心肺复苏术。

4. 运动性损伤的治疗

（1）中医治法（2）推拿按摩（3）针灸疗法（4）拔罐疗法（5）封闭疗法（6）物理疗法（7）石膏绷带固定法（8）小夹板固定法（9）牵引疗法（10）手术疗法

重点：推拿按摩、针灸疗法、拔罐疗法、牵引疗法。

难点：针灸疗法、封闭疗法。

5. 肩部运动性损伤

（1）锁骨骨折（2）肩关节脱位（3）冈上肌肌腱炎（4）肩峰下滑囊炎（5）肩袖损伤（6）肱二头肌长头肌腱腱鞘炎（7）肱骨干骨折

重点：各种肩部运动损伤的病因病理、临床表现及治疗、功能锻炼。

难点：各种肩部损伤的功能锻炼。

6. 肘部与前臂运动性损伤

（1）肱骨髁上骨折（2）桡骨头骨折（3）肘关节脱位（4）肱骨外上髁炎（5）肘关节尺侧副韧带损伤（6）桡侧伸腕肌肌腱周围炎（7）桡尺骨双骨折

重点：各种肘部与前臂损伤的病因病理、临床表现、治疗、功能锻炼与预防。

难点：功能锻炼与预防。

7. 手部运动损伤

（1）桡骨下端骨折（2）腕舟骨骨折（3）腕管综合征（4）桡骨茎突部狭窄性腱鞘炎（5）腕部腱鞘囊肿（6）屈指肌腱腱鞘炎（7）伸指肌腱断裂（8）手指关节扭挫伤

重点：腕管综合征、腱鞘囊肿。

难点：腕管综合征。

8. 骨盆与股部运动性损伤

（1）股骨头骨骺炎（2）股内收肌拉伤（3）腘绳肌拉伤（4）股四头肌挫伤（5）股骨干骨折

重点：股内收肌、腘绳肌拉伤，股四头肌挫伤。

难点：股骨头骨骺炎。

9. 膝部运动损伤

（1）髌骨骨折（2）髌骨劳损（3）膝关节内侧副韧带损伤（4）膝关节外侧副韧带损伤（5）膝关节交叉韧带损伤（6）膝关节外伤性滑膜炎（7）半月板损伤

重点：膝关节内、外侧副韧带损伤。

难点：髌骨劳损、膝关节交叉韧带损伤。

10. 小腿运动性损伤

（1）胫腓骨骨干骨折（2）胫腓骨疲劳性骨膜炎（3）跟腱断裂（4）创伤性跟腱腱围炎

重点：跟腱断裂、创伤性跟腱腱围炎。

难点：胫腓骨疲劳性骨膜炎。

11. 足踝部运动性损伤

（1）踝关节骨折（2）踝关节扭挫伤（3）运动性足跟痛

重点：踝关节扭挫伤。

难点：运动性足跟痛。

12. 头颈、胸腹部运动性损伤

（1）颈部软组织损伤（2）颈椎间盘突出症（3）肋骨骨折（4）腹部肌肉拉伤

重点：颈部软组织损伤。

难点：颈部软组织损伤。

13. 腰背部运动性损伤

（1）腰部扭挫伤（2）腰肌劳损（3）腰背肌肉筋膜炎（4）腰椎间盘突出症（5）梨状肌综合征

重点：腰部劳损、腰背肌肉筋膜炎。

难点：腰部扭挫伤。

四、教学方法与习题要求

本课程在教学形式上主要采用启发式、讨论式、研究式教学方法，结合学生运动实践进行本课程的讲授。转变以教为主的方式，课前布置作业，要求学生预习，留问题，分组查资料，上课时分组讨论、辩论，根据学生表现打分，课后写下上课感想。

五、考核方式及成绩评定

考核方式：平时考核和期末闭卷笔试相结合的方式进行考核。

成绩评定：考勤10% + 平时考核40% + 期末考试50%。

六、推荐教材或讲义及主要参考书

1. 王予彬，王人卫，陈佩杰．运动创伤学［M］．北京：人民军医出版社，2011.

2. ［澳］布拉德·沃克．运动损伤解剖学［M］．罗冬梅，刘晔译．北京：北京体育大学出版社，2013.

3. 张笃超，李湘奇．运动损伤康复学［M］．北京：人民军医出版社，2008.

健康体适能

中文课程名称：健康体适能；英文课程名称：Health Fitness

一、课程简介

健康体适能属于一门综合性应用学科。本课程主要介绍体适能概念和基本要素、教授与健康体适能有关的知识和方法，体育活动对改善有氧体适能、肌肉力量和耐力、柔韧性、身体成份、骨密度作用的知识和方法。通过本课程的学习，使学生初步掌握健康体适能基本理论和评定方法，并能用以指导健身锻炼。其先修课程有运动解剖学、运动生理学、运动营养学、体验测量与评价等学科，是一门综合性较强的应用学科，对学生完善知识体系和提高实践能力具体指导意义。

二、教学目标

通过健康体适能课程的学习，使学生了解和掌握健康体适能的基本理论，掌握健康体适能各要素的科学测量方法，对测量结果进行科学分析和评价，并能针对评定结果进行有效的运动处方指导。

三、教学内容

1. 绪论

（1）健康和体适能（2）体育健身活动的科学性（3）终身体适能计划与健康

重点：影响体适能和健康的因素。

难点：预期寿命和生理年龄的关系，人体行为改变的策略。

2. 健康评估

（1）健康状况评价（2）制定体育锻炼计划。

重点：通过体适能测试对健康状况评价，体育锻炼目标制定方法及实施。

难点：运动医务监督的具体操作。

3. 营养与运动

（1）运动中的能量消耗（2）健康饮食指导（3）营养与运动

重点：运动中的能量消耗。

难点：运动过程中的饮食指导。

4. 运动处方

（1）运动处方基本理论（2）运动处方内容（3）运动处方的实施及运动量的监控

重点：运动处方的基本内容、运动处方的制定和实施。

难点：运动处方的实施及运动量的监控。

5. 健身运动指导与健康管理

（1）健身运动的开展（2）健身运动程序（3）健身运动处方的种类（4）健身路径（5）健身房与健身器械（6）运动健身管理与自我管理

重点：健身运动的程序及种类。

难点：不同健身运动处方的制定、运动健康自我管理。

6. 不同人群运动处方

（1）儿童运动处方（2）中老年人运动处方（3）孕妇运动处方（4）常见慢病运动处方

重点：常见慢病运动处方。

难点：不同人群运动处方的制定原则及实施过程中的监控。

四、教学方法与习题要求

1. 教学方法：主要通过讲授法、提问法、讨论法、案例法对基本理论知识进行教学，使学生能够理和掌握健康体适能基本理论知识，能够根据不同健身人群、不同慢病患者运动处方不同情况开具个性化运动处方。

2. 习题要求：预习为主，课后巩固、2—4 学时布置一次作业。

五、考核方式及成绩评定

考核方式：开卷或闭卷考试

成绩评定：考勤 10%＋平时考核（作业、论文、实验等，不少于 3 次）40%＋期末考试 50%。

六、推荐教材或讲义及主要参考书

1. 沈建国，施兰平. 健康体适能［M］. 杭州：浙江工商业大学出版社，2013.

2. 陈佩杰，王人卫，张春华. 健康体适能评定理论与方法［M］. 上海：上海教育出版社，2013.

3. 张全成，陆雯. 高级体适能与运动处方［M］. 北京：国防工业出版社，2013.

第八章

航空体育课程教学文件设计

第一节　航空体育课程教学大纲的制定

一、航空体育课程的性质

大学体育课程是学校课程体系的重要组成部分，是高等学校体育工作的中心环节。是普通大学生（体育专业学生除外）以身体练习为主要手段，通过科学合理的体育教育教学和科学的体育教学、训练、锻炼过程，达到增强体质、增进健康和提高体育素养为主要目标的公共必修课程。航空体育课程是就民航飞行技术专业学生单独开设的一门必修基础课，是培养适应现代民航要求高素质飞行人才的重要手段；由于飞行对体能的特殊要求，因此，强健的身体素质和体能是民航飞行员的职业生命，也是民航飞行员飞行安全，提高飞行质量，延长飞行寿命的物质基础。这是航空体育课程在教书育人，教育育人，人才培养，塑造身心智和谐发展的人方面具有的特殊价值和作用所决定的。

二、航空体育课程标准与大纲的制定依据

航空体育课程是寓促进民航飞行大学生身心智和谐发展、思想品德教

育、文化科学教育、日常生活生存技能与体育技术技能教育于身体活动并有机结合的教育过程；是实施素质教育和培养全面发展的合格飞行人才的重要途径。要实施和完成航空体育课建设，全面实现航空体育课程教学任务，不断提高航空体育教学质量，就必须制定教师可遵循的教学蓝本。因此，制定科学合理，系统全面，符合接地、完整且相对稳定的教课程标准和教学大纲，是航空体育教学改革和航空体育教学所必需。

航空体育课程标准与大纲是专为民航飞行技术专业学生编制，是依据民航飞行大学生的身体、生理以及所学专业（民航行业要求）的需要，以教育部新颁布的《全国普通高等学校体育课程教学指导纲要》《国家大学生体质健康标准》《高等学校体育工作标准》、国务院办公厅转发教育部等部门《关于进一步加强学校体育工作若干意见的通知》等文件、法规为依据，根据航空体育课程培养的目的和民航飞行人员锻炼标准，教学内容的选择、项目的设置和安排结合了滨州学院飞行学院 10 年航空体育课程教学实际和经验积累编制而成。以《中共中央国务院关于深化教育改革全面推进素质教育的决定》中提出的"学校教育要树立健康第一的指导思想，切实加强体育工作"的精神，全面促进民航飞行学生积极参加航空体育锻炼，养成运动和锻炼的习惯，提高自我保健能力和体质健康水平。

三、航空体育课程教学目的和任务

1. 航空体育课程教学目的

通过科学、合理的航空体育教学过程，深入贯彻《全国普通高等学校体育课程教学指导纲要》的基本目标，达到增强体质、体能、航空专项体能，增进身心健康和提高航空体育素养，在全面提高民航飞行学生身体素质、飞行体能的基础上，重点发展民航飞行职业所需求的航空专项身体素质和体能。养成航空体育锻炼的习惯，加强爱国主义教育，培养飞行学生有理想、有道德、有纪律、守行规职业品德的养成，成为身心智和谐发展，身心健康的高质量民航飞行人才。

2. 航空体育课程教学任务

（1）根据民航飞行对飞行员身心要求，结合民航飞行员的生理、心理特点和认识规律，紧扣培养目标，有目的、有计划、科学且行之有效地组织和开展航空体育课程教学活动，促进民航飞行大学生身体的正常发育、各项生理指标的最佳状态及身心智的全面发展。增强体质，增进健康，强化体能及飞行大学生对自然环境和民航航空飞行作业环境的适应能力，使其终身受益。

（2）强化航空体育教学的育人意识。使飞行学生明确认识到德、智、体三者之间的辩证关系和航空体育课程的重要性。特别是让每一个飞行学生要清醒地认识到身体与飞行驾驶、飞行驾驶与国家的利益、飞行驾驶与国家形象等之间的关系，不断提高飞行学生的政治思想素质，培养学生的组织纪律性、集体主义的思想品德、安全意识等；培养团结协作和勇敢顽强、勇于拼搏的工作作风。

（3）使飞行学生掌握航空体育基础理论知识和常用的科学锻炼身体的基本技能、运动保健、康复保健、营养卫生、防身防爆等基础理论、方法与技能。培养良好的安全意识、卫生习惯和自觉锻炼身体的习惯，树立终身体育观。

四、航空体育的课程设置

由于飞行大学生专业特点，大多学校培养模式为 2.5 + 1.5 培养制（国内 2.5 年，国外飞行培训 1.5 年），因此，航空体育课程面向飞行技术专业一、二、三年级开设航空体育课程。

五、航空体育课程项目设置和教材体系的原则

1. 增强飞行学生体质健康原则

建立以增强飞行体质、增进健康、促进飞行学生身心智和谐发展，健康为主线的课程设置和教材体系。

2. 贯彻终身体育意识原则

结合飞行大学生未来职业特点和身体要求，航空体育项目设置和教材的选编以健身、健体、提高飞行技能素质和娱乐性较强的教学内容为主，以培养飞行学生终身体育意识，养成体育锻炼、体育修身的习惯，并贯穿到飞行生涯的全过程——终身受益。

3. 注重实效，少而精原则

飞行学生学习航空体育课程的直接目的就是强身健体，通过学习确保顺利通过 4 年的学业，并且在今后的飞行生涯中，养成锻炼身体的习惯，确保年度体检顺利通过和飞行安全。因此在课程设置和教材的选用上要具有严格的科学性，系统性，并注重航空体育理论教材与实践教材有机融合，以达到培养飞行职业身体素质与全面身体素质相结合，做到项目设置少而精，区别主次，突出重点，由简到繁，由易到难。

4. 注重现代体育与飞行行业特点相结合原则

由于飞行是一个对体能要求很高的职业，也是对身体要求非常复杂的过程，因此，项目的设置和教材的选编要广泛汲取体育项目带来的快感营养，吸取现代体育的新内容（定向越野、户外拓展等），根据飞行大学生的生理机能和心理素质等方面有特殊要求的特点，在航空体育课程设置和教材内容选编时，应充分体现出培养和提高飞行学生必备的专项素质这个基本要求。同时要注意选编教材与《全国普通高等学校体育课程教学指导纲要》《国家学生体质健康标准》设置内容的一致性。

5. 德育为先，以体育人的原则

航空体育课程设置和教材的编写必须贯彻以德为先，全面贯穿党的教育方针，有利于对飞行学生进行爱国主义、集体主义思想教育，有利于体育教育改革全面推进素质教育，同时注重培养学生勇敢顽强，拼搏进取精神，良好的体育道德风尚和心理素质，增强集体意识、团队意识和严明的组织纪律性。

六、航空体育课程标准和教学大纲执行运行的基本要求

1. 航空体育课程教师要吃透和掌握课程标准和教学大纲指导思想和目标原则、精神，认真钻研教材，研究教法，并结合飞行学生的实际情况、场地器材条件和气候变化情况，认真拟定课程教学进度，制定课时计划，认真备课，写好教案，使每一堂课都成为完成课程标准和大纲教学计划的有机组成部分。

2. 因材施教，合理安排运动量。根据飞行大学生的年龄、体质、身体活动能力、运动技术水平和学生间的个体差异等不同情况提出不同的教学方案和要求，教学方法和运动负荷、强度的安排上注意区别对待，使之同步提高，不使一个学生掉队。在航空体育课程教学中切实注意培养飞行学生的思维能力和鉴别、敏锐、反应能力，训练学生的组织工作能力，团队建设能力等，真正做到学以致用。

3. 严格考勤、考核制度

（1）航空体育课成绩每学期评定一次，凡缺课超过学期计划学时三分之一以上者，不予评定该学期成绩，该学期航空体育课必须重修，否则不能取得相应学分。

（2）航空体育课教师要认真进行学期考试，为体现考试的公开性和公平性，考试应采取由任该年级航空体育课教学小组的教师集体评定，考试不及格者按学校有关规定执行。

（3）考试办法和考试标准的制定应结合中国民航局制定的飞行员体能标准、健康标准、航空公司的考核标准，并结合本学校实际科学构建，做到既符合行业标准，有体现人文关怀和学校实际。

4. 贯彻课内课外相结合，课上课下相结合、线上线下相结合、校内校外相结合的原则，做到课内外全面负责，通过课外辅导和布置课外练习等形式，逐步培养学生掌握一、二种锻炼身体的有效方法和组织体育活动的能力。

5. 加强航空体育教学研究，结合行业要求和行业规范，与国际接轨，不

断更航空体育教学、训练、健身、保健、养生、康复等诸多方面的新知识，并通过航空体育教学检查，教学观摩，集体备课，专业学习、专业研究、教学评价、教学评估等环节，不断充实和学习研究国内外先进经验，不断提升航空体育教师的专业理论知识和教学水平。

6. 强化航空体育理论与航空体育实践相结合、关联度、融合度，不断加强航空体育课理论知识，体育卫生知识、体育保健知识、体育养生知识、体育康复知识的学习和教育，并结合航空体育运动实践加深理解和融合，讲深讲透，并结合现代网络、电化等教学手段，采取线上线下相结合，不断提升航空体育教育教学效果。

七、航空体育课程教学具体目标

掌握体育锻炼的基本技术，学会科学锻炼身体的方法，养成锻炼身体的习惯；增强飞行人员所必须具备的身体素质，即灵敏协调，反应迅速能力，前庭耐力，抗负荷能力，飞行耐力等；培养坚强的意志与良好的作风。为飞行训练打下良好的身体基础。

第二节　航空体育课程大纲范例

航空体育课教学大纲

一、教学目标

掌握体育锻炼的基本技术，学会科学锻炼身体的方法，养成锻炼身体的习惯；增强飞行人员所必须具备的身体素质，即灵敏协调，反应迅速能力，前庭耐力，抗负荷能力，飞行耐力等；培养坚强的意志与良好的作风。为飞行训练打下良好的身体基础。

二、时数分配

各类教材具体教学时数分配表

类别			一		二		三		四		五		合计	%
			时数	%	时数	%	时数	%	时数	%	时数	%		
理论部分	航空体育训练目的任务要求		2	3.8	2	3.1	—		—		—		4	1.5
	运动损伤的预防与急救		—				—		—		—			
实践部分	原始测验		2	3.8	—								2	0.8
	游泳		18	34.6	—								18	6.4
	健美操		—		10	15.6							10	3.6
	定向越野		8	15.4	—								8	2.9
	田径	短跑	—		8	12.5	2	23	12	18.8	2	23	44	15.6
		长跑	—		—		10				10			
	体操	单杠	1	21.3	5	10.9		15.4	7	20.3	1	19.3	49	17.4
		双杠	5				5		2		5			
		垫上	5		2		3		4		4			
	专项器械	固定滚轮	—		—		16	30.8	14	26.6		30.8	49	17.4
		旋梯							17		2			
	球类	篮球	5	9.7	3	6.3	10	19.2	10	18.8	8	15.5	39	13.8
		足球	—		1				2					
	力量练习		2	3.8	1	1.6	3	5.8	3	4.7	2	3.8	11	3.9
	浪木		—		—		3	5.8	7	10.8	2	3.8	12	4.3
	队列队形		1	1.9							2	3.8	3	1.1
	体质健康测试		1	1.9			—		—				1	0.4
	旋转操		2	3.8	—								2	0.8
	选项课				32	50							32	10.6

三、教材纲要

1. 田径

（1）短跑：跑的专门性练习；站立式起跑；加速跑（30米，60米）；100米，120米，200米。

（2）长跑：3000米全程跑；5000米全程跑；计时跑；变速跑；越野跑。

2. 体操

（1）单杠：引体向上；屈臂悬垂；翻身上成支撑。

（2）双杠：双臂屈撑；支撑摆动；支撑移动。

3. 专项器械

（1）固定滚轮：绑脚；左侧旋转；右侧旋转；全套连接。

（2）旋梯：起动；制动；前回环；后回环；全套连接。

（3）垫上：仰卧起坐；俯卧撑；团身滚动；前滚翻；后滚翻；头手倒立；肩肘倒立；鱼越前滚翻。

4. 球类

（1）篮球：脚步动作；传接球；运球；投篮；基本战术；分队教学比赛。

（2）足球：脚背运球；脚内侧传接球；基本战术；分队比赛。

5. 力量练习

胸部；臂部；肩部；背部；腹部；腿部。

6. 游泳

学习蛙泳。

四、考核的操作方法与评分标准

考核内容与操作方法

考核内容		操作方法
第一学期	12分钟跑	按规则进行
	双杠	按规则进行（双臂屈撑）
	游泳	任何泳姿游完100米

续表

考 核 内 容		操 作 方 法
第二学期	100 米	按最新田径规则进行
	单杠	按规则进行（引体向上）
	健美操	按规则进行
第三学期	3000 米	按最新田径规则进行
	双杠	按规则进行（双臂屈撑）
	滚轮	左右各 20 圈，计时
第四学期	100 米	按最新田径规则进行
	单杠	按规则进行（引体向上）
	旋梯	正转 20 圈接反转 20 圈，计时
第五学期	5000 米	按最新田径规则进行
	双杠	按规则进行（双臂屈撑）
	滚轮	左右各 20 圈，计时

评分标准

项目	学期	成　绩												
		100	95	90	85	80	75	70	65	60	55	50	45	40
100 米（秒）	二	12.4	12.6	12.8	13.1	13.4	13.7	14.0	14.3	14.6	14.9	15.2	15.5	15.8
	四	12.2	12.4	12.6	12.9	13.2	13.5	13.8	14.1	14.4	14.7	15.0	15.3	15.6
3000 米（分）	三	11.35	11.55	12.15	12.35	12.55	13.15	13.35	13.55	14.15	14.35	14.55	15.15	15.35
5000 米（分）	五	20.10	20.40	21.10	21.40	22.10	22.40	23.10	23.40	24.10	24.40	25.10	25.40	26.10
单杠（个）	二	16	15	14	13	12	11	10	9	8	7	6	5	4
	四	21	20	19	18	17	16	15	14	13	12	11	10	9
双杠	一	16	15	14	13	12	11	10	9	8	7	6	5	4
	三	18	17	16	15	14	13	12	11	10	9	8	7	6
	五	20	19	18	17	16	15	14	13	12	11	10	9	8

续表

项目	学期	成绩												
		100	95	90	85	80	75	70	65	60	55	50	45	40
游泳	一	考查												
12分钟跑	一	3200	3100	3000	2900	2800	2700	2600	2500	2400	2300	2200	2100	2000
固定滚轮	三	46	48	50	53	56	59	62	65	68	71	74	77	80
	五	44	46	48	51	54	57	60	63	66	69	72	75	78
旋梯	四	58	60	62	65	68	71	74	77	80	83	86	89	92
健美操	二													

注：任一项没有达到 40 分时总分不及格

第三节　课程内容设计纲要范例

一、田径

1. 短跑：跑的专门性练习；站立式起跑；加速跑（30 米，60 米）；100 米，120 米，200 米

2. 长跑：3000 米全程跑；5000 米全程跑；计时跑；变速跑；越野跑

二、体操

1. 单杠：引体向上；屈臂悬垂；翻身上成支撑

2. 双杠：双臂屈撑；支撑摆动；支撑移动

三、专项器械

1. 固定滚轮：绑脚；左侧旋转；右侧旋转；全套连接

2. 旋梯：起动；制动；前回环；后回环；全套连接

3. 垫上：仰卧起坐；俯卧撑；团身滚动；前滚翻；后滚翻；头手倒立；肩肘倒立；鱼越前滚翻

四、球类

1. 篮球：脚步动作；传接球；运球；投篮；基本战术；教学比赛

2. 足球：脚背运球；脚内侧传接球；基本战术；教学比赛

3. 排球：正面上手传球；正面下手垫球；正面上手发球；扣球；拦网；教学比赛

五、力量练习

胸部；臂部；肩部；背部；腹部；腿部

六、游泳

1. 学习蛙泳

2. 自由泳

七、武术

1. 散打

2. 擒敌拳

3. 太极拳

八、智力体育

1. 智力定向

2. 智力游戏

九、拓展训练

1. 团队拓展

2. 个人拓展

十、塑形训练

1. 全身整体塑形

2. 局部塑形

第四节 航空体育课程课时计划范例

航空体育课第一学期教学日历（每周4学时）

周次	教学内容
1	1. 理论：航空体育训练的目的任务和要求 2. 原始素质测验：100米；双臂屈撑 3. 篮球活动
2	1. 原始素质测验：引体向上；3000米 2. 学习原地徒手旋转操 3. 力量练习：俯卧撑；仰卧起坐 4. 篮球活动
3	1. 双杠：双臂屈撑；支撑移动；支撑摆动 2. 篮球：学习移动，起动，急停；学习原地双手胸前传接球；分队比赛 3. 垫上：学习前滚翻，后滚翻 4. 旋转操练习 5. 定向越野
4	1. 力量练习：卧推；负重半蹲跳；颈后推举 2. 旋转操练习 3. 游泳：蛙泳基本动作学习 4. 定向越野
5	1. 双杠：学习支撑前摆成外侧坐—转体180度成分腿骑坐；双臂屈撑 2. 游泳 3. 垫上：复习前滚翻，后滚翻；学习肩肘倒立 4. 定向越野 5. 旋转操练习

周次	教学内容
6	1. 游泳 2. 篮球：学习高运球低运球，原地单手肩上投篮，分队比赛 3. 素质练习：蛙跳（28 米，4 组） 4. 定向越野 5. 双杠 6. 旋转操
7	1. 游泳 2. 单杠 3. 篮球 4. 旋转操 5. 体制测评
8	1. 游泳 2. 双杠：复习前摆挺身下，双臂屈撑 3. 篮球：复习高运球低运球，原地单手肩上投篮，分队比赛 4. 定向越野 5. 旋转操
9	1. 力量练习：进健身房练习各个身体部位力量 2. 游泳 3. 垫上：复习肩肘倒立；复习头手倒立 4. 单杠：引体向上 5. 旋转操 6. 定向越野
10	1. 双杠：双臂屈撑 2. 篮球：学习运球三步上篮，分队比赛 3. 游泳 4. 定向越野 5. 旋转操
11	1. 游泳 2. 篮球：分队教学比赛 3. 垫上：练习前滚翻后滚翻；肩肘倒立；头手倒立 4. 双杠：双臂屈撑 5. 定向越野 6. 旋转操
12	1. 力量练习：进健身房练习身体各部位力量 2. 考核：12 分钟跑 3. 游泳

周次	教学内容
13	1. 考核：双杠 2. 篮球：分队教学比赛 3. 考核：游泳

航空体育课第二学期教学日历

周次	教学内容
1	1. 篮球：分队教学比赛 2. 理论：运动损伤的预防与急救 3. 单杠：引体向上 4. 耐力跑：记圈跑（5 圈）
2	1. 篮球：学习击地反弹球，行进间双手胸前传接球，分队教学比赛 2. 垫上：团身滚动，仰卧起坐，俯卧撑 3. 短跑：30 米、60 米加速跑；120 米力量练习 4. 健美操
3	1. 单杠：引体向上 2. 足球：学习脚背内侧传接球，小场分队比赛 3. 短跑：100 米计时跑 4. 素质练习：俯卧撑，仰卧起坐 5. 耐力跑：变速跑 6. 健美操
4	1. 短跑：30 米、60 米加速跑，100 米计时跑 2. 单杠：引体向上 3. 篮球：复习击地反弹球，行进间双手胸前传接球，分队教学比赛 4. 耐力跑：记圈跑（8 圈） 5. 健美操
5	1. 双杠：复习支撑前摆成外侧坐—转体 180 度成分腿骑坐；双臂屈撑 2. 单杠：引体向上 3. 健美操 4. 耐力跑：追逐跑（4 圈，3 组）；记圈跑（10 圈）
6	1. 垫上：练习前滚翻，后滚翻 2. 短跑：100 米计时跑 3. 篮球：分队比赛 4. 素质练习：蛙跳（28 米，4 组） 5. 耐力跑：3000 米计时跑 6. 健美操

续表

周次	教学内容
7	1. 单杠：引体向上 2. 短跑：30 米、60 米加速跑；100 米跑（2 组） 3. 垫上：俯卧撑，仰卧起坐 4. 足球：复习脚背内侧传接球，小场分队比赛 5. 耐力跑：记圈跑（6 圈） 6. 健美操
8	1. 健美操 2. 篮球：分队比赛 3. 素质练习：28 米加速跑，俯卧撑 4. 耐力跑：记圈跑
9	1. 力量练习：进健身房练习各个身体部位力量 2. 健美操 3. 垫上：练习前滚翻后滚翻，仰卧起坐 4. 单杠：引体向上 5. 耐力跑：2400 米计时跑
10	1. 篮球：分队比赛 2. 短跑：30 米、60 米加速跑；100 米跑计时跑（2 组） 3. 单杠：引体向上 4. 耐力跑：记圈跑（7 圈） 5. 健美操
11	1. 健美操 2. 篮球：分队教学比赛 3. 垫上：练习前滚翻后滚翻；肩肘倒立；头手倒立 4. 素质练习：推小车 6. 短跑：100 米跑计时跑（2 组）
12	1. 力量练习：进健身房练习身体各部位力量 2. 短跑：30 米、60 米加速跑；100 米跑计时跑（2 组） 3. 素质练习：俯卧撑，仰卧起坐 4. 篮球：分队比赛 5. 健美操

续表

周次	教学内容
13	1. 单杠：引体向上 2. 短跑：30 米、60 米加速跑；100 米跑计时跑（2 组） 3. 素质练习：俯卧撑，仰卧起坐 4. 篮球：分队教学比赛 5. 健美操
14	1. 单杠：引体向上 2. 篮球：分队教学比赛 3. 短跑：100 米跑计时跑（2 组） 4. 健美操
15	1. 考核：健美操 2. 短跑：30 米、60 米加速跑；100 米跑计时跑（2 组） 3. 篮球：分组教学比赛
16	1. 考核：100 米 2. 考核单杠：引体向上 3. 篮球：分队教学比赛 4. 补考：健美操
17	1. 补考：100 米 2. 考核：单杠 3. 篮球：分队教学比赛

航空体育课第三学期教学日历

周次	教学内容
1	1. 测验：引体向上；3000 米 2. 篮球活动
2	3. 学习原地徒手旋转操 4. 短跑：30 米、60 米加速跑；120 米 5. 力量练习：俯卧撑；仰卧起坐 6. 固定滚轮：介绍器械；学习绑保护带，起动制动，单一侧旋转 7. 耐力跑：记圈跑（6 圈）

续表

周次	教学内容
3	1. 双杠：双臂屈撑；支撑移动；支撑摆动 2. 篮球：学习移动，起动，急停；学习原地双手胸前传接球；分队比赛 3. 垫上：学习前滚翻，后滚翻 4. 固定滚轮：复习单一侧旋转，学习另一侧旋转 5. 耐力跑：变速跑
4	1. 力量练习：进健身房练习力量 2. 短跑：30 米、60 米加速跑；100 米跑 3. 篮球：分队比赛 4. 固定滚轮：练习全套动作 5. 耐力跑：记圈跑（8 圈）
5	1. 双杠：双臂屈撑 2. 固定滚轮：练习全套动作 3. 垫上：复习前滚翻，后滚翻；学习肩肘倒立 4. 单杠：引体向上 5. 耐力跑：10 圈
6	1. 固定滚轮：练习全套动作 2. 篮球：分队比赛 3. 素质练习：蛙跳（28 米，4 组） 4. 耐力跑：3000 米计时跑
7	1. 短跑：30 米、60 米加速跑；100 米跑（2 组） 2. 双杠：双臂屈撑 3. 垫上：复习肩肘倒立；学习头手倒立 4. 固定滚轮：练习全套动作 5. 素质练习：腰腹肌练习 6. 耐力跑：记圈跑（6 圈）
8	1. 固定滚轮：练习全套动作 2. 双杠：双臂屈撑 3. 篮球：分队比赛 4. 素质练习：28 米加速跑，仰卧起坐 5. 耐力跑：3000 米计时跑，变速跑

续表

周次	教学内容
9	1. 力量练习：进健身房练习各个身体部位力量 2. 固定滚轮：练习全套连接 3. 垫上：复习肩肘倒立；复习头手倒立 4. 单杠：引体向上 5. 耐力跑：2400 米计时跑，3000 米计时跑
10	1. 双杠：双臂屈撑 2. 篮球：学习运球三步上篮，分队比赛 3. 短跑：30 米、60 米加速跑；100 米跑计时跑（2 组） 4. 素质练习：推小车；蛙跳 5. 固定滚轮：练习全套连接 6. 耐力跑：记圈跑（7 圈）
11	1. 固定滚轮：练习全套连接 2. 篮球：分队教学比赛 3. 垫上：练习前滚翻后滚翻；肩肘倒立；头手倒立 4. 双杠：双臂屈撑 5. 旋梯：练习正转 6. 耐力跑：3000 米计时跑
12	1. 考核：3000 米 2. 考核：固定滚轮 3. 篮球：分队比赛
13	1. 考核：双杠，双臂屈撑 2. 补考

航空体育课第四学期教学日历

周次	教学内容
1	1. 篮球：分队教学比赛 2. 单杠：引体向上 3. 足球：分队小场比赛 4. 耐力跑：记圈跑（5 圈）

续表

周次	教学内容
2	1. 篮球：学习击地反弹球，行进间双手胸前传接球，分队教学比赛 2. 旋梯：介绍器械，学习正转 5. 双杠：双臂屈撑 6. 垫上：团身滚动，仰卧起坐，俯卧撑 7. 短跑：30 米、60 米加速跑；120 米力量练习
3	1. 单杠：引体向上 2. 旋梯：练习正转 3. 短跑：100 米计时跑 4. 素质练习：俯卧撑，仰卧起坐 5. 耐力跑：变速跑
4	1. 短跑：30 米、60 米加速跑，100 米计时跑 2. 单杠：引体向上 3. 旋梯：练习正转 4. 篮球：分队教学比赛 5. 耐力跑：记圈跑（8 圈）
5	1. 双杠：双臂屈撑 2. 单杠：引体向上 3. 固定滚轮：练习全套连接 4. 旋梯：学习反转 5. 耐力跑：追逐跑（4 圈，3 组）；记圈跑（10 圈）
6	1. 垫上：练习前滚翻，后滚翻，肩肘倒立，头手倒立 2. 短跑：100 米计时跑 3. 旋梯：练习反转 4. 篮球：分队比赛 5. 素质练习：蛙跳（28 米，4 组） 6. 耐力跑：3000 米计时跑
7	1. 单杠：引体向上 2. 短跑：30 米、60 米加速跑；100 米跑（2 组） 3. 垫上：俯卧撑，仰卧起坐 4. 旋梯：练习全套动作 5. 耐力跑：记圈跑（6 圈）

续表

周次	教学内容
8	1. 固定滚轮：练习全套动作 2. 旋梯：练习全套动作 3. 篮球：分队比赛 4. 单杠：引体向上 5. 素质练习：28 米加速跑，俯卧撑 6. 耐力跑：记圈跑
9	6. 力量练习：进健身房练习各个身体部位力量 7. 旋梯：练习全套动作 8. 垫上：练习前滚翻后滚翻，仰卧起坐 9. 单杠：引体向上 10. 短跑：100 米、200 米计时跑
10	1. 篮球：分队比赛 2. 旋梯：练习全套动作 3. 短跑：30 米、60 米加速跑；100 米计时跑（2 组） 4. 单杠：引体向上 5. 耐力跑：记圈跑（7 圈）
11	1. 旋梯：练习全套动作 2. 单杠：引体向上 3. 篮球：分队教学比赛 4. 垫上：练习前滚翻后滚翻；肩肘倒立；头手倒立 5. 素质练习：推小车 7. 短跑：100 米计时跑（2 组）
12	1. 力量练习：进健身房练习身体各部位力量 2. 旋梯：练习全套动作 3. 短跑：30 米、60 米加速跑；100 米计时跑（2 组） 4. 素质练习：俯卧撑，仰卧起坐 6. 篮球：分队比赛
13	1. 单杠：引体向上 2. 旋梯：练习全套动作 3. 短跑：30 米、60 米加速跑；100 米计时跑（2 组） 4. 素质练习：俯卧撑，仰卧起坐 6. 篮球：分队教学比赛 7. 耐力跑：变速跑

周次	教学内容
14	1. 单杠：引体向上 2. 旋梯：练习全套动作 3. 短跑：100 米计时跑（2 组） 4. 篮球：分队教学比赛
15	1. 考核：100 米 2. 考核：旋梯 3. 篮球：分队教学比赛
16	1. 考核：单杠 2. 补考：100 米，旋梯 3. 篮球：分队教学比赛
17	1. 补考 2. 篮球：分队教学比赛

航空体育课第五学期教学日历

周次	教学内容
1	1. 测验：100 米；双臂屈撑 2. 篮球活动
2	1. 测验：引体向上；3000 米 2. 练习原地徒手旋转操 3. 短跑：30 米、60 米加速跑；120 米 4. 力量练习：俯卧撑；仰卧起坐 5. 固定滚轮：练习全套动作 6. 耐力跑：记圈跑（6 圈）
3	1. 双杠：双臂屈撑；支撑移动；支撑摆动 2. 篮球：分队比赛 3. 垫上：复习前滚翻，后滚翻 4. 固定滚轮：练习全套动作 5. 耐力跑：变速跑

续表

周次	教学内容
4	1. 力量练习：进健身房练习力量 2. 短跑：30 米、60 米加速跑；100 米跑 3. 篮球：分队比赛 4. 固定滚轮：练习全套动作 5. 耐力跑：4000 米跑
5	1. 双杠：双臂屈撑 2. 固定滚轮：练习全套动作 3. 垫上：练习前滚翻，后滚翻；肩肘倒立 4. 单杠：引体向上 5. 耐力跑：5000 米跑
6	1. 固定滚轮：练习全套动作 2. 篮球：分队比赛 3. 素质练习 4. 耐力跑：3000 米计时跑
7	1. 短跑：30 米、60 米加速跑；100 米跑（2 组） 2. 双杠：双臂屈撑 3. 垫上：复习肩肘倒立；学习头手倒立 4. 固定滚轮：练习全套动作 5. 素质练习：腰腹肌练习 6. 耐力跑：记圈跑（6 圈）
8	1. 固定滚轮：练习全套动作 2. 双杠：双臂屈撑 3. 旋梯：学习正转 4. 篮球：分队比赛 5. 素质练习：28 米加速跑，仰卧起坐 6. 耐力跑：4000 米计时跑，变速跑
9	1. 力量练习：进健身房练习各个身体部位力量 2. 固定滚轮：练习全套连接 3. 垫上：复习肩肘倒立；复习头手倒立 4. 单杠：引体向上 5. 耐力跑：2400 米计时跑，3000 米计时跑

周次	教学内容
10	1. 双杠：双臂屈撑 2. 篮球：学习运球三步上篮，分队比赛 3. 短跑：30 米、60 米加速跑；100 米跑计时跑（2 组） 4. 素质练习：推小车；蛙跳 5. 固定滚轮：练习全套连接 6. 耐力跑：记圈跑（10 圈）
11	1. 固定滚轮：练习全套连接 2. 篮球：分队教学比赛 3. 垫上：练习前滚翻后滚翻；肩肘倒立；头手倒立 4. 双杠：双臂屈撑 5. 旋梯：练习正转 6. 耐力跑：5000 米计时跑
12	1. 考核：5000 米 2. 考核：固定滚轮 3. 篮球：分队比赛
13	1. 考核：双杠 2. 补考：固定滚轮；5000 米

第五节　航空体育课程考核标准范例

范例一：考核内容及标准

1. 各学期考试内容及百分比

内容 \ 学期	第一学期		第二学期		第三学期		第四学期		备注
	项目	比例	项目	比例	项目	比例	项目	比例	
长跑	3000 米☆	40%	5000 米☆	30%	3000 米☆	30%	3000 米☆	20%	
固滚					☆	20%			

学期 内容	第一学期		第二学期		第三学期		第四学期		备注
	项目	比例	项目	比例	项目	比例	项目	比例	
旋梯			☆	20%			☆	20%	
单杠	☆	10%	☆	20%			☆	20%	
双杠			☆	10%	☆	20%			
短跑	100 米☆	30%			100 米☆	10%			
篮球	☆	20%	☆	10%	☆	10%	☆	20%	
跳绳					☆	10%	☆	10%	
立定跳远			☆	10%			☆	10%	

☆代表考试内容

2. 考试内容参考标准

引体向上

分值	100	95	90	80	75	70	65	60	55	50	45	40	35	30	25
个数	20	19	18	17	16	15	14	13	12	11	10	9	8	7	6

3000 米

分值	时间	分值	时间	分值	时间	分值	时间	分值	时间	分值	时间	分值	时间
100	11.15	91	11.41	82	12.7	73	12.33	64	13.00	55	13.28	46	13.58
99	11.17	90	11.45	81	12.11	72	12.37	63	13.3	54	13.31	45	14.00
98	11.19	89	11.47	80	12.15	71	12.41	62	13.7	53	13.35	44	14.3
97	11.21	88	11.49	79	12.17	70	12.45	61	13.11	52	13.40	43	14.7
96	11.24	87	11.51	78	12.19	69	12.47	60	13.15	51	13.45	42	14.10
95	11.27	86	11.54	77	12.21	68	12.49	59	13.17	50	13.50	41	14.15
94	11.30	85	11.57	76	12.24	67	12.51	58	13.19	49	13.52	40	14.20
93	11.33	84	12.00	75	12.27	66	12.54	57	13.21	48	13.54	39	14.40
92	11.37	83	12.3	74	12.30	65	12.57	56	13.24	47	13.56	38	15.00

5000 米

分值	时间	分值	时间	分值	时间	分值	时间	分值	时间	分值	时间
100	20.15	84	21.23	68	22.55	52	23.51	36	24.39	20	25.27
99	20.17	83	21.29	67	22.59	51	23.54	35	24.42	19	25.30
98	20.19	82	21.35	66	23.3	50	23.57	34	24.45	18	25.33
97	20.21	81	21.41	65	23.7	49	24.00	33	24.48	17	25.36
96	20.23	80	21.47	64	23.11	48	24.3	32	24.51	16	25.39
95	20.27	79	21.53	63	23.15	47	24.6	31	24.54	15	25.42
94	20.31	78	21.59	62	23.19	46	24.9	30	24.57	14	25.45
93	20.35	77	22.5	61	23.23	45	24.12	29	25.00	13	25.48
92	20.39	76	22.11	60	23.27	44	24.15	28	25.3	12	25.51
91	20.43	75	22.17	59	23.30	43	24.18	27	25.6	11	25.54
90	20.47	74	22.23	58	23.33	42	24.21	26	25.9	10	25.57
89	20.53	73	22.29	57	23.36	41	24.24	25	25.12		
88	20.59	72	22.35	56	23.39	40	24.27	24	25.15		
87	21.5	71	22.41	55	23.42	39	24.30	23	25.18		
86	21.11	70	22.47	54	23.45	38	24.33	22	25.21		
85	21.17	69	22.51	53	23.48	37	24.36	21	25.24		

固滚

分值	个数	分值	个数	分值	个数	分值	个数	分值	个数	分值	个数
100	52	86	45	72	38	58	31	44	24	30	17
98	51	84	44	70	37	56	30	42	23	28	16
96	50	82	43	68	36	54	29	40	22	26	15
94	49	80	42	66	35	52	28	38	21	24	14
92	48	78	41	64	34	50	27	36	20	22	13
90	47	76	40	62	33	48	26	34	19	20	12
88	46	74	39	60	32	46	25	32	18	18	11

旋梯

分值	100	98	96	92	88	84	80	74	68	60	52	44	38
个数	45	44	43	42	41	40	39	38	37	36	35	34	33

双杠

分值	100	98	96	92	88	84	80	74	68	60	52	44	38
个数	24	23	22	21	20	19	18	17	16	15	14	13	12

100 米

分值	时间	分值	时间	分值	时间	分值	时间	分值	时间	分值	时间	分值	时间
100	12.00	91	12.9	82	13.8	73	14.7	64	15.8	55	16.7	46	17.6
99	12.1	90	13.00	81	13.9	72	14.8	63	15.9	54	16.8	45	17.7
98	12.2	89	13.1	80	14.00	71	14.9	62	16.00	53	16.9	44	17.8
97	12.3	88	13.2	79	14.1	70	15.00	61	16.1	52	17.00	43	17.9
96	12.4	87	13.3	78	14.2	69	15.1	60	16.2	51	17.1	42	18.00
95	12.5	86	13.4	77	14.3	68	15.2	59	16.3	50	17.2	41	18.1
94	12.6	85	13.5	76	14.4	67	15.3	58	16.4	49	17.3	40	18.2
93	12.7	84	13.6	75	14.5	66	15.6	57	16.5	48	17.4	39	18.3
92	12.8	83	13.7	74	14.6	65	15.7	56	16.6	47	17.5	38	18.4

篮球

时间	11.0	11.5	12.0	12.5	13.0	13.5	14.0	14.5	15.0	15.5	16.0	16.5	17.0	17.5
分值	100	95	90	85	80	75	70	65	60	55	50	45	40	35

2 分钟跳绳

分值	个数	分值	个数	分值	个数	分值	个数	分值	个数	分值	个数	分值	个数
100	310	86	275	72	246	58	232	44	200	30	165		
98	305	84	270	70	244	56	230	42	195	28	160		
96	300	82	265	68	242	54	225	40	190	26	155		

分值	个数	分值	个数	分值	个数	分值	个数	分值	个数	分值	个数
94	295	80	260	66	240	52	220	38	185	24	150
92	290	78	255	64	238	50	215	36	180	22	145
90	285	76	250	62	236	48	210	34	175	20	140
88	280	74	248	60	234	46	205	32	170	18	135

立定跳远

分值	M	分值	M	分值	M	分值	M	分值	M	分值	M
100	2.70	86	2.58	72	2.51	58	244	44	2.30	30	2.05
98	2.68	84	2.57	70	2.50	56	2.43	42	2.25	28	2.00
96	2.66	82	2.56	68	2.49	54	2.42	40	2.20	26	1.95
94	2.64	80	2.55	66	248	52	240	38	2.15	24	1.90
92	2.62	78	2.54	64	2.47	50	235	36	2.10	22	1.85
90	2.60	76	253	62	246	48	210	34	175	20	140
88	2.59	74	252	60	245	46	205	32	170	18	135

范例二：考核内容与操作方法

考核内容		操作方法
第一学期	12分钟跑	按规则进行
	双杠	按规则进行（双臂屈撑）
	游泳	任何泳姿游完100米
第二学期	100米	按最新田径规则进行
	单杠	按规则进行（引体向上）
	健美操	按规则进行

续表

考核内容		操作方法
第三学期	3000 米	按最新田径规则进行
	双杠	按规则进行（双臂屈撑）
	滚轮	左右各 20 圈，计时
第四学期	100 米	按最新田径规则进行
	单杠	按规则进行（引体向上）
	旋梯	正转 20 圈接反转 20 圈，计时
第五学期	5000 米	按最新田径规则进行
	双杠	按规则进行（双臂屈撑）
	滚轮	左右各 20 圈，计时

评分标准

项目	学期	成绩												
		100	95	90	85	80	75	70	65	60	55	50	45	40
100 米（秒）	二	12.4	12.6	12.8	13.1	13.4	13.7	14.0	14.3	14.6	14.9	15.2	15.5	15.8
	四	12.2	12.4	12.6	12.9	13.2	13.5	13.8	14.1	14.4	14.7	15.0	15.3	15.6
3000 米（分）	三	11.35	11.55	12.15	12.35	12.55	13.15	13.35	13.55	14.15	14.35	14.55	15.15	15.35
5000 米（分）	五	20.10	20.40	21.10	21.40	22.10	22.40	23.10	23.40	24.10	24.40	25.10	25.40	26.10
单杠（个）	二	16	15	14	13	12	11	10	9	8	7	6	5	4
	四	21	20	19	18	17	16	15	14	13	12	11	10	9
双杠	一	16	15	14	13	12	11	10	9	8	7	6	5	4
	三	18	17	16	15	14	13	12	11	10	9	8	7	6
	五	20	19	18	17	16	15	14	13	12	11	10	9	8
游泳	一	考查												

项目	学期	成绩												
		100	95	90	85	80	75	70	65	60	55	50	45	40
12分钟跑	一	3200	3100	3000	2900	2800	2700	2600	2500	2400	2300	2200	2100	2000
固定滚轮	三	46	48	50	53	56	59	62	65	68	71	74	77	80
	五	44	46	48	51	54	57	60	63	66	69	72	75	78
旋梯	四	58	60	62	65	68	71	74	77	80	83	86	89	92
健美操	二													

注：任一项没有达到40分时总分不及格

第九章

航空体育课程研究成果

我国民航飞行大学生身心智和谐发展航空体育课程体系构建创新研究

（发表于北京体育大学学报 2017 年第 40 卷第 10 期）

李金华[1]，张红霞[1]

（1. 滨州学院体育学院，滨州，256603）

摘要：采用文献资料、专家咨询、实地考察、问卷调查等研究方法，运用现代教育管理、卓越绩效管理等理论，分析了我国民航飞行大学生航空体育课程体系构建研究的历史沿革及现状，探讨了我国民航飞行大学生身心智和谐发展航空体育课程体系构建的必要性。在此基础上，构建创新出"6 大体系""4 大循环"飞行大学生身心智和谐发展航空体育课程体系。即：航空体育课程目标决策体系、设置培养体系、组织运行管理体系、实施日常支持体系、运行基础保障体系、评估监督评价体系和航空体育课程体系第 1 循环、第 2 循环、第 3 循环、第 4 循环。并通过实验研究证明对提升飞行学院大生体质身体素质和健康水平具有一定的促进作用。旨在为丰富我国民航飞行大学生航空体育课程体系构建创新理论研究提供参考，为相关决策部门制定我国民航院校体育课程体系，促进大学生身心智和谐发展提供借鉴依据。

关键词：民航学院；飞行大学生；身心智；航空体育；课程体系

Study on the Aviation Sports Curriculum System Innovation for Chinese College Student Pilots in the Perspective of Harmonious Development of Physical, Mental and Intellectual Health[①]

LI Jin – Hua[1], ZHANG Hong – Xia[1]

(1. College of Physical Education, Binzhou University,

Changsha 256600, China Binzhou)

Abstract: By referring to the methods of literature review, expert consultation, on – the – spot investigation, questionnaire survey and applying the modern education management and performance excellence management theory, this research analyzes the history and current development status of the aviation sports curriculum system construction for college student pilots in China and discusses the necessity of constructing the aviation sports curriculum system with harmonious development of physical, mental and intellectual health. On this basis, the new system with "Six Systems" and "Four Circulations" are built. The Six Systems include decision making system, cultivation setting system, organizing and operative management system, guarantee system, supervision and evaluation system. The Four Circulations include the first cycle, second cycle, third cycle and fourth cycle. The experimental study proves that the study can enhance the college student pilots' physical quality and health level to some extent. This study aims to provide theoretical reference for enriching the research and construction of the aviation sports curriculum system. Accordingly, it can offer certain references for relevant decision – making authorities to establish new curriculum systems and promote the college students'

---

① 基金项目: 2014 年国家教育部人文社科规划基金项目 (体育科学类) (14YJA890006)

作者简介: 李金华, 副教授, 大学本科, 研究方向: 航空体育与管理研究

harmonious development with physical, mental and intellectual health.

Keywords：Civil Aviation Academy；College Student Pilots；Physical, Mental and Intellectual；Aviation Sports；Curriculum System

进入 21 世纪，我国民航业取得了举世瞩目的成就，早在 2005 年中国就已经成为全球仅次于美国的第二大航空市场。特别是"一带一路"战略提出以来，我国民航又快速进入国际化的阶段。然而，作为民航运输业"黄金资源"的飞行驾驶员的培养却远远滞后于高速发展的民航业。据美国波音公司和亚太航空协会预测，中国未来 20 年需要 10 万名民航飞行员[1]，照此推测，我国每年需要培养 5000 名民航飞行员才能满足需求，而我国在整个"十二五"期间总共培养民航飞行员 10312 人（年均 2062 人）。2016 年 5 月 25 日，民航局发布了《关于进一步深化民航改革工作的意见》，就"十三五"期间民航业的改革提出了"以人为本、安全第一"的思路和目标，国家民航局前局长李家祥指出："在安全保障链条中，人是起决定作用的核心因素"。飞行实践表明，在影响飞行安全的诸多因素中，飞行员的身体安全是第一位的。作为民航飞行员重要输出基地的高校而言，面临的首要任务就是能够培养出身体合格、身心智和谐发展的优质飞行员。要实现和完成这一目标，航空体育课程无疑起着最为重要的作用。通过调研，对比反思近年来高校航空体育课程建设和运行实施情况表明，目前高校航空体育课程还没有真正从理论和实践层面上形成科学系统的课程体系，导致课程决策目标不够明确、运行管理杂乱无序、课程内容设置缺乏科学性，教学模式单一等诸多问题。因此，站在服务于民航事业发展和民航飞行安全的视角，构建民航飞行大学生身心智和谐发展航空体育课程体系，对提高民航飞行大学生身体素质、飞行体能及身心智和谐发展有着重要的现实意义。

1 研究对象与方法

1.1 研究对象 为全面了解和把握我国民航飞行大学生航空体育课程开设现状，选取了北京航空航天大学、南京航空航天大学、中国民航大学、中国民用航空飞行学院、滨州学院飞行学院以及开设航空航天类专业的普通院校的南昌航空工业学院、上海工程技术大学、沈阳航空工业学院、郑州航空工业管理学院等 10 所高校为调查对象，以我国民航飞行大学生身心智和谐发展航空体育课程体系构建创新为研究对象。

1.2　研究方法

1.2.1　实地考察法 2007 年 6 月、2010 年 3 月、2012 年 10 月、2015 年 4 月分别对中国民航大学、中国民用航空飞行学院、南京航空航天大学、北京航空航天大学进行了实地考察，详细了解了上述学校航空体育课程设置及运行、教学管理、师资队伍、场地设施、身体档案管理等基本情况，掌握了大量的第一手资料，为研究奠定了坚实的基础。

1.2.2　专家咨询法 在前期查阅和研读相关文献资料、实地考察的基础上，书面形成了航空体育课程体系构建的初步框架，并通过专家咨询、网络手段、电话沟通、面对面交流等形式，对 20 名民航专家、8 名飞行学院院长、8 名航空院校体育部主任、4 家航校飞行教员、12 名航空公司现役机长、60 名现役飞行员就航空体育课程体系构建、运行、管理、评价等方面进行了咨询和访谈，认真听取专家的意见和建议。在此基础上，对民航飞行大学生身心智和谐发展航空体育课程体系构建创新模式进行了修正和完善。

1.2.3　问卷调查法 通过对中国民用航空飞行学院、南京航空航天大学等 8 所民航院校航空体育课程教学大纲的对比分析及对专家访谈咨询后，初步了解了当前航空体育课程建设现状，并以此为依据设计了专家调查问卷，内容包括：（1）专家对航空院校航空体育课程设置情况反馈。（2）专家对航空院校航空体育课程体系构建情况反馈。本次调查共向专家发放问卷 60 份，收回有效问卷 60 份，回收率 100%。学生问卷内容主要涉及飞行大学生对航空体育课程项目设置、教学组织、师资水平、场地器械、学习满意度等的情况反馈，设计一级指标 46 个，二级指标 184 个，共向学生发放问卷 1850 份，收回有效问卷 1839，回收率 99.40%。问卷调查的主要目的是为了全面了解和把握当前民航高校航空体育课程体系构建状况，为课程体系构建模式创新研究提供参考。

1.2.4 实验法 实验对象为滨州学院飞行学院 2010—2014 级 5 个年级，每个年级随机选取 2 个自然教学班，共计 10 个教学自然班，每班 50 人，共计 500 人，设立实验组和对照组，实验时间为 2 学期（1 学年）。实验教学选取了最能反映飞行学生身体素质、体能的体育项目、航空体育专项项目共 16 项作为教学实验测试项目，实验前后分别对两组学生进行测试、数据对比、检验分析。

2 研究结果与分析

2.1 航空体育课程概念界定及内涵释义 航空体育课程是我国民航高校对飞行技术专业大学生（简称飞行大学生）开设的一门必修课程，其主要目的和任务是发展飞行大学生在飞行过程中特有的专项素质和技能。航空体育课程源于航空体育，广义的航空体育早期又叫体育航空[2]，是指人们利用航空器或其它航空专业器械在空中或者地面上进行的系列有益于身心健康和具有观赏性、娱乐性的体育活动。而狭义的航空体育则隶属于教育的范畴，是以高智能信息技术于一体的飞机对飞行员飞行体能的高要求为基础，以促进飞行员飞行驾驶技能的形成，提高飞行质量，确保飞行安全，延长飞行寿命为主要目的，对飞行大学生实施以身体教育、训练（包括航空体育专项器材训练）为主要内容的一系列提高身体机能、身体素质和航空飞行特殊体能等的教育活动。因此，从航空体育教育属性视角立论，把航空体育课程定义为：以各种身体练习为主要手段，通过系统、科学、合理的体育教育、教学、训练、锻炼过程（包括航空体能专项训练），以提高飞行大学生的各种身体素质和体能，促进飞行技能形成为主要目标的一系列教育活动，它是学校课程体系的重要组成部分，是寓促进飞行大学生身心和谐发展、运动技能与体能、飞行体能与运动习惯养成、运动营养与体质健康、飞行安全与飞行寿命、团队协作与意志品质教育等于一体的教育过程。它与普通体育课程的最大区别在于教学、训练、锻炼内容的设置与未来职业对身体体能的要求更加密切，除发展一般身体素质外，更加注重通过滚轮、旋梯、浪木等航空专项器械训练来发展职业要求的飞行耐力、高空耐力、前庭耐力、平衡协调等能力。

2.2　我国民航飞行大学生航空体育课程体系构建研究的历史沿革及现状分析　我国民航飞行员的培养可追溯到 20 世纪 50 年代，由于当时国情所致，民航飞行员大多来源于空军，因此，航空体育课程的设置完全照搬了空军飞行员的训练内容和模式。20 世纪 80 年代初，随着我国民航业的发展，民航管理部门开始重视飞行人员身心素质的锻炼与健康监测，先后颁发了《飞行人员身体锻炼办法》和《飞行人员体育锻炼标准》[3]，但主要内容仍就参照了《空军飞行员的健康条例》，此间，对民航飞行大学生航空体育课程设置与体系构建研究尚未开展。直到 20 世纪 90 年代中期，以中国民用航空飞行学院为龙头开始涉猎飞行大学生航空体育课程的设置问题，但研究仍处于萌芽状态。21 世纪初期，我国迎来了民航业的快速发展，民航飞行员的需求量和缺口不断扩大，招收民航飞行大学生的高校日趋增多，学生数量也不断增加，各高校围绕如何培养出更多、更好、身体体能完全符合民航运输高强度飞行的优质飞行员展开研究，此阶段有关飞行大学生航空体育课程建设研究进入了高峰期，研究成果不断涌现。主要代表作有：成都体育学院学报 2007 年第 1 期刊登了《构建我国民航飞行大学生航空体育教学体系的探讨》；山东体育学院学报 2009 年第 3 期刊登了《民航大学生飞行员航空体育课程优化设置探讨》；体育文化导刊 2011 年第 1 期刊登了《我国民航院校体育课程设置研究》。截至 2015 年 12 月见诸于各类体育刊物刊登的飞行大学生航空体育课程研究的论文有 40 余篇。纵观这些研究论文主要涉及两个层面：一是航空体育课程设置研究；二是航空体育教学模式改革研究。研读与剖析这些研究成果的核心，大多还主要从生物学的观点出发，课程设置仍以发展学生身体为主线，心、智层面基本没有涉足，且研究仅局限于理论层面，实践操作层面没有实质性的进展。通过对北京航空航天大学、南京航空航天大学、中国民航大学、中国民用航空飞行学院等多所民航专业院校现行航空体育教学大纲进行分析，突出问题主要体现在：（1）航空体育课程设置模式单一，缺乏系统性和全面性。（2）航空体育课程设置内容相对陈旧，现代化特征不够明显。（3）教学理念相对落后，教学训练方法、手段缺乏创新。（4）监督评价考核体系不完善。课程设置既缺乏理论依据，又缺乏科学性，更缺少诊断和评价数据支撑课程设置的合理性和实用性，甚至有些项目的设置照搬传统、凭经验，带有一定的盲目性和随意性，对课程体系如何进行管理运行、监控评价、支持保障均无涉足，没有从质量保障和绩效管理的视角形成一套完整、系统的课程体系，缺乏大视野、大观念、大开放的理念。据悉，目前全国民航院校仍没有统一的航空体育教学大纲和教材（教材均为自编教材），高校之间也没有进行有效的学术研讨、交流与沟通，各自为战，单打独斗，处于封闭状态，这是不足取的，应该引起教育部门和民航主管部门的高度重视。

民航飞行员被称为民航事业建设和发展的"黄金资源"，是民航人力资源的核心。就飞行而言，民航飞行员又是一项高风险、高强度、高责任、高技艺的工作[4]。所以，民航飞行员的培养质量就成为当下民航高校和航空公司的焦点问题，并围绕着飞行员的飞行安全和飞行寿命展开研究。国内外诸多民航专家强调指出，民航飞行员不仅要具有良好的身体形态、机能、素质，还必须具有良好的心理素质和智力素质[5]。发展体能包含着身体形态结构、身体机能、身体素质、心理、智力、社会环境适应能力、体质健康状况等部分组成，是一个复杂而有机的内隐态自组织系统结构[6]。从这个层面上讲，身心智和谐发展才能造就一名优秀飞行员。就培养民航飞行员的高校而言，航空体育课程构建基础必须是既要符合国家教育部颁布的高等学校普通大学生体育教学大纲，又要符合飞行员职业所需的航空飞行体能，且必须确保学生在校四年年度体检中完全达到飞行员的合格标准[7]；就民航飞行大学生个体而言，大学既是他们接受航空体育教育的开始，又是最后阶段，此阶段能否使飞行大学生接受良好的航空体育教育，身心智得到有效强化，并影响和渗透到未来职业中至关重要。从认识事物的角度出发，飞行大学生对航空体育的理解大致要经历从未知—认识—感知—提升—认可的变换过程；从实践体验的角度分析大致经历从恐惧（航空体育专项器械训练）—体验—兴趣—自觉—获益—终生的动态过程；就航空公司而言，最理想的结果是民航高校输送的飞行大学生完全达到民航飞行员的身体标准，且具有良好的运动习惯并贯穿于职业生涯的全过程，确保飞行安全，延长飞行寿命。因此，站在航空大安全观的视角，围绕飞行员适航体能所需求的身心智综合素质要求，构建全面、完整、系统的，管理、运行、支持、保障、监督、诊断、评价、反馈、修正的新型航空体育课程体系[8]，形成规范的管理和运行流程，确保航空体育课程运行的高质量，最大限度的改善飞行员飞行体能，达到课程效能最大化和最佳化，是培养优质民航飞行员的重要保障。

2.3　民航飞行大学生身心智和谐发展航空体育课程创新体系构建模式

2.3.1　飞行大学生身心智和谐发展航空体育课程 6 大体系　民航飞行员对飞行体能有着特殊的要求且受诸多因素的影响，因此，对于飞行大学生飞行体能的培育是一个复杂的、系统的工程。航空体育课程作为飞行体能培育的唯一载体是一门融多学科、多项目、多层面于一体的综合性极强的课程，且需要多部门协同配合才能高质量达成培养目标。多年来，受传统管理理念的影响，高校航空体育课程一直以来都是由体育部独立承担与管理，这种运行模式导致在整个学校层面缺乏上下联动、横向贯通的运行机制，严重影响和制约着航空体育课程培养质量。因此，依据体育管理系统构建理论、教育指标系统构建理论、卓越绩效管理理论、质量保障体系理论，从大教育观—航空体育课程宽泛的教育功能；大体育观—航空体育课程多体育运动项目的集成设置；大健康观—飞行大学生生理、心理、社会、环境；大安全观—飞行安全（民航安全的核心）四维视角嵌入，把航空体育课程体系构建成一个整体系统，系统包含 6 大体系：航空体育课程目标决策体系、航空体育课程组织运行管理体系、航空体育课程设置培养体系、航空体育课程实施支持体系、航空体育课程运行基础保障体系、航空体育课程评估监督评价体系，系统间形成一个开放性的有机链条，诊断、反馈与修正畅通，使整个系统的运转成效达到最佳化、最优化[9]。其最终目标与结果评价：确保航空体育课程运行质量，为我国民航输送身心智和谐发展的优秀飞行员。航空体育课程新体系（质量保障）模式见图1。

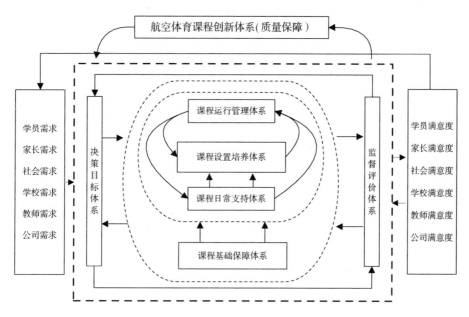

图1 航空体育课程创新体系（质量保障）模式

2.3.1.1 航空体育课程目标决策体系 航空体育课程决策目标是飞行大学生身心智和谐发展航空体育课程体系实施所追求的目的和达到的效果，是飞行大学生身、心、智和谐发展培养质量保障的出发点和落脚点。从管理学的视角分析，决策目标体系的构成要素主要有：航空体育课程的定位与规划、培养目标定位、培养模式的确立、培养效率与效益、参与部门的分工与协调。该体系重点体现培养目标，培养规格，如何培养，培养效益及参与部门协同合作的有效性。具体工作流程见图2。

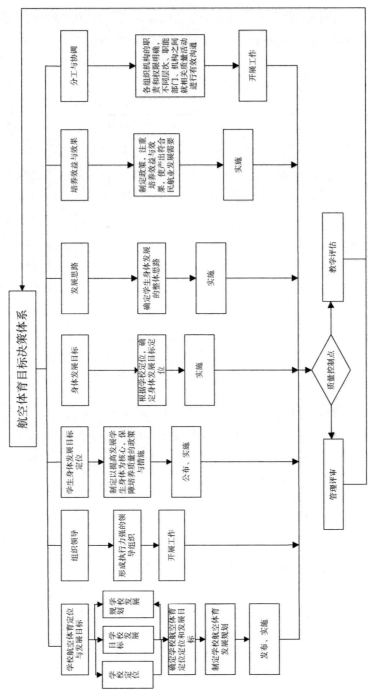

图 2　航空体育目标决策体系流程图

2.3.1.2　航空体育课程设置培养体系　航空体育课程设置培养体系是实现飞行大学生身体培养目标的中心环节。围绕飞行员航空飞行所需的"体力—心力—脑力"，融体、心、智（体能、心能、智能）三个层面，将竞技项目、大众体育、航空专项体育、专项体能、保健康复、智力体育、娱乐体育、心理训练等课程进行优化组合，涉及生物学、生化学、生理学、人体运动科学（保健、康复）、心理学、教育学、社会学等多学科的理论与案例，形成融生物、心理、社会三维一体健康理念的航空体育课程设置培养体系[10]，充分体现身体与心理的高度融合、体与脑的结合。航空体育课程体系的设置应注重"多维一体"的人才培养模式，从教学理念、课程体系、教学内容、教学方法、培养途径等多方面进行综合改革[11]。课程设置体系主要是根据民航飞行员飞行体能的要求与航空体育课程的相关性、关联性进行项目筛选、精选，优化组合，以学生（学习者）为主体，形成一套身心智高度融合完整的、系统的课程设置体系[12]。航空体育课程设置培养体系的构成要素主要有课程设置体系（理论、技能、实践——凸显身心智的高度融合）、培养渠道（理论、实践——课内课外，校内校外相结合）、考核体系（标准、方法、运行）。该体系重点体现课程设置的科学性；课程培养实施途径、渠道的多样性、有效性、实用性；课程效果的考核及评价，具体工作流程见图3。

2.3.1.3　航空体育课程组织运行管理体系　航空体育组织运行管理体系是在决策目标体系指导下，具体组织航空体育课程教学运行及飞行大学生身、心、智培养质量的有效管理等，构成的主要素有：航空体育课程教学大纲和教学计划的制定、教学基本建设（体育运动场地、航空体育专项器材设备）、日常教学管理、教师教学管理、教学改革与研究、体育学习效果评定、学生体育档案、身体档案管理等。该体系全面体现课程教学运行的科学性、规范性、严谨性。具体工作流程见图4。

2.3.1.4　航空体育课程实施日常支持体系　主要是为飞行大学生身、心、智和谐发展培养体系提供日常支持与服务。构成要素有：体育师资队伍、教学经费保障、训练经费保障、运动场地设施、身体机能测试、心理实验测试、身体指标分析设备、图书资料、航空体育校园网建设。该体系重点体现不同层面的支持力度，具体工作流程见图5。

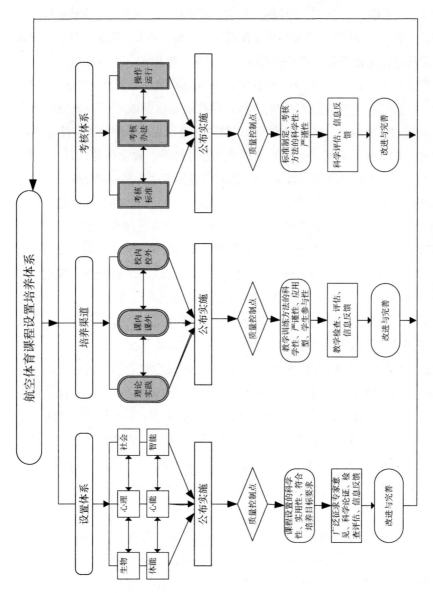

图 3　航空体育课程设置培养体系

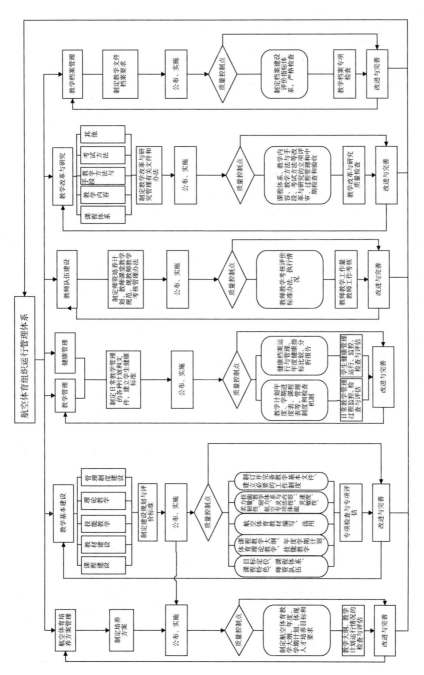

图 4 航空体育课程组织运行管理体系

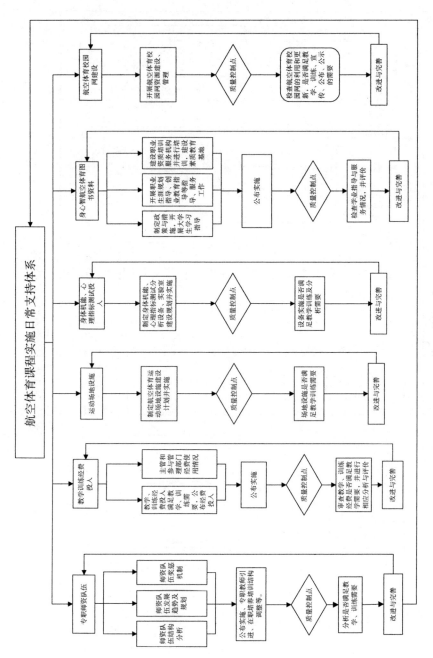

图5　航空体育课程实施日常支持体系流程图

2.3.1.5 航空体育课程运行基础保障体系 主要是为飞行大学生身、心、智和谐发展培养体系实施的宏观保障。构成要素有：组织保障、制度保障、教学基本设施保障、生活医疗保障、运动习惯、教学环境、学习环境、运动环境。该体系重点体现学生学习所涉不同层面的基础条件和保障，具体工作流程如图6。

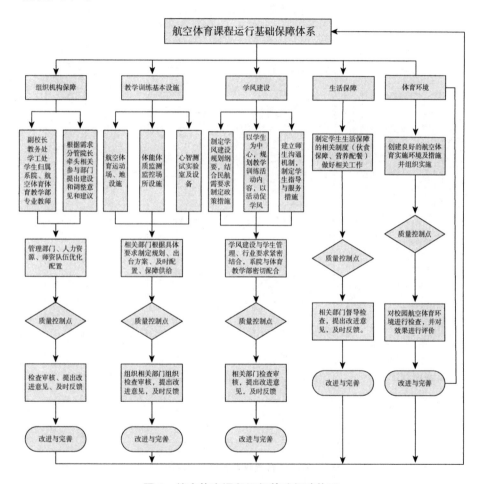

图6 航空体育课程运行基础保障体系

2.3.1.6 航空体育课程评估监督评价体系 主要是飞行大学生身心智和谐发展整体培养体系的动力，具有导向、激励、诊断、监督和改进功能[13]。

构成要素有：评价标准、评价指标的制定、评价人的界定、日常监督评价、学期学生体能指标评价、学年学生体能指标评价、绩效评价、教学评估。该体系重点体现社会、家长、航空公司、学生、教师、学校的满意度，体现"6级"评价的效果，具体工作流程如图7。

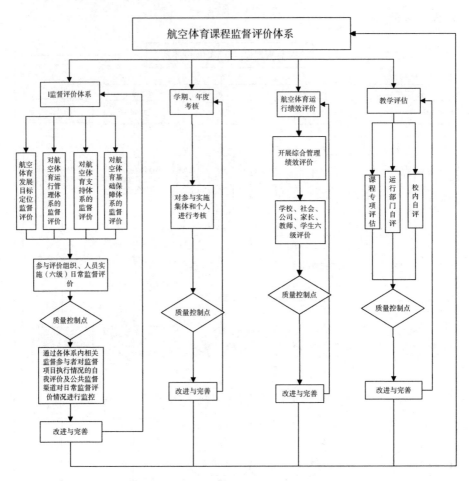

图7　航空体育课程监督评价体系流程图

2.3.2　飞行大学生身心智和谐发展航空体育课程创新体系循环机制

飞行大学生航空体育课程体系（质量保障）从宏观到微观、由外到内，由大到小，由整体到局部形成四组循环。通过四组循环，以提高航空体育课程整体系统和绩效满意度为基本点，以推进和实施航空体育课程体系的整体运行和过程管理、持续不断地对各体系运行存在的缺陷进行不间断的诊断、修正和体育课程优化、组合创新为核心，以强化整体体系运行的组织管理、科学的系统谋划为推动力，形成社会、家长、公司、学校、教师、学生全员参与、全过程管理、整体系统集成、层次清晰、相互辐射、相互渗透、相互衔接的航空体育课程体系构建的质量保障体系，形成目标决策、运行与控制、测量与评估的良性循环[14]。

2.3.2.1　航空体育课程体系第一循环

在航空体育课程整体需求与评价满意度之间形成第一大循环，其循环路径为：六位一体的整体需求→六大职能体系→六位一体的评价满意度→六位一体的整体需求。形成了从整体需求（含社会、家长、公司、学校、教师、学生）为出发点，通过对飞行大学生身、心、智和谐发展的全方位系统培养，然后对培养的效果进行满意度调查（含社会、家长、公司、学校、教师、学生）与诊断修正，最终根据六位一体的评价结论来调控课程的目标决策体系。

2.3.2.2　航空体育课程体系第二循环

在建构体系中的"六大体系"之间形成第二大循环，其运行循环路径为：航空体育目标决策体系→（航空体育组织运行管理体系、航空体育课程设置培养体系、航空体育课程实施支持体系、航空体育运行基础保障体系）→航空体育评估监督评价体系→航空体育目标决策体系。第二循环突出的是航空体育评估监督评价体系，即在航空体育组织运行管理体系、航空体育课程设置培养体系、航空体育课程实施支持体系、航空体育运行基础保障体系四大体系运行循环过程中，对各体系同时进行着全方位、全过程的评审、评估、监督与监控，使航空体育课程体系实施与运行的全过程有监督、有检查、有诊断、有评价、有反馈，有修正，从而实现飞行大学生身、心、智和谐发展培养质量的持续改进与推进。

2.3.2.3　航空体育课程体系第三循环

在航空体育组织运行管理体系到航空体育课程设置培养体系和航空体育课程实施支持体系之间形成第三大循环，其运行循环路径为：航空体育组织运行管理体系→（航空体育课程设置培养体系、航空体育课程实施支持体系）→航空体育组织运行管理体系。三个体系之间形成了相互依赖、相互依存、相互渗透的关系。航空体育课程体系中的组织运行管理体系对实施支持体系提出具体要求，而实施支持条件同时制约着组织运行管理的实施和成效；组织运行管理体系对课程设置培养体系提出了具体的目标任务要求，而课程设置培养体系培养过程的信息反馈影响到组织运行管理，从内在关联上讲，就是三个体系之间的循环形成了航空体育课程体系日常教学管理的相对完整的过程。

2.3.2.4　航空体育课程体系第四循环

在航空体育组织运行管理体系到航空体育课程设置培养体系之间形成第四大循环，其循环路径为：航空体育组织运行管理体系→航空体育课程设置培养体系→航空体育组织运行管理体系。组织运行管理体系向课程设置培养体系提出目标任务，课程设置培养体系对飞行大学生身、心、智培养过程进行全方位的督导检查，然后反馈到组织运行管理体系中，而组织运行管理体系依据监督评价反馈情况调整任务目标，形成良性循环。

2.4　民航飞行大学生身心智和谐发展航空体育课程创新体系运行应用效果评价

2.4.1　身心智和谐发展航空体育课程创新体系构建模式及运行效果实施"六位一体"综合认可度评价

飞行大学生身心智和谐发展航空体育课程创新体系从2009年开始设计运行至2015年形成体系大致经历了"提出设想—模式雏形—运行试验—诊断评价—持续改进—完善体系—推广运用"的渐进过程。在整个过程中紧紧围绕两大主题和三大目标，高标准定位，落地式管理，强化实操性。两大主题：卓越绩效、质量工程。三大目标：学校目标——为民航培养人格健全，身心智和谐发展的优质飞行员；体育部目标——不使一个学生掉队，学生身体形态、身体素质、身体技能完全符合民航体检要求；学生目标——发展体能，达到飞行体能标准，养成运动习惯，形成终生意识。在体系运行过程中，实施全程跟踪，全过程参与，全过程纪实，从点到面，从面到点，点面结合，打破"路径依赖"，以问题为导向，坚持眼前和长远相结合，严把指标体系的每个细节，做精做细，做严做实，精准管理，通过课程体系各子系统的高效运转，形成合力，学生身体内外兼修，整体素质都有了非常显著的提高，在校学生、从职学生的社会认可度、美誉度越来越高，身体形态、技能、素质各项指标完全达到航空公司的标准。实施过程中，邀请12家合作航空公司专家、国外培训学校的面试官和教员、学校领导、学生家长对课程体系进行综合评价，观摩航空体育课教学与训练，并对课程体系实施效果采取了社会、航空公司、家长、学校、学生、教师六位一体的评价模式。结果显示，5项指标的满意度均在97%以上（表1）。

表1　身心智和谐发展航空体育课程创新体系
构建模式及运行效果满意度调查

满意度 / 评价者	课程体系模块（%）	课程设置体系（%）	课程组织管理（%）	课程运行效果（%）	课程监督评价（%）
社会	98	97	97	100	98
航空公司	100	100	98	98	100
家长	99	100	100	100	100
学校	97	98	100	98	100
学生	98	97	97	98	97
教师	100	100	100	98	98

课程体系运行实践中，对滨州学院 2008—2012 级 5 级 670 名飞行技术专业毕业生进行跟踪调研和体质、体能测试结果显示，670 名飞行技术专业学生中无一人因身体素质、体能不达标而被航空公司淘汰，且学生体测达标优秀率逐级提高（表 2）。

表 2　身心智和谐发展航空体育课程创新体系实施综合评价

项别 年级	体测达标 优秀%	年度体检 淘汰%	飞行体能 淘汰%	公司面试体能 达标%	航空飞行 停飞%
2008 级	28	0	0	100	0
2009 级	34	0	0	100	0
2010 级	41	0	0	100	0
2011 级	45	0	0	100	0
2012 级	51	0	0	100	0

通过课程体系的优化实施，滨州学院飞行大学生体能素质不仅在国内得到合作航空公司的普遍认可，而且在国外飞行训练期间表现也非常突出。2010 年在美国泛亚航校（TransPac）的综合体能测试中，滨州学院飞行大学生打破了该航校保持 20 多年的记录，1 名学员因飞行体能、飞行心理、飞行技术过硬而获得美国泛亚航校年度唯一一个飞行技术奖。加拿大 Cargair 航校面试官副总裁 Gaeten 在对滨州学院飞行学员面试后无限感慨地说："我在中国选拔飞行员这么多年，还从来没碰到英语这么棒、身体素质这么好的飞行学员！"据统计，滨州学院飞行学院从 2006 级飞行学员首次参加滨州学院学校运动会，已连续 10 年蝉联团体总分冠军，36 人次破学校记录；在山东省大学生田径比赛中获得 100 米、200 米第 1 名，4×100 米、4×400 米接力第 2 名的好成绩。学校篮球赛，排球赛、乒乓球赛等大型比赛的桂冠也悉数纳

入囊中。由于成绩突出，滨州学院飞行学院学生团队荣获2012年度滨州市市长质量奖，成为全国第一家获此殊荣的高校。美国、加拿大、法国、澳大利亚等20多个国家的外国友人到飞行学院参观访问。人民日报、中国教育报、中国民航报、山东教育电视台等多家新闻单位和媒体对飞行学院办学情况进行报道。飞行学员内强素质，外树形象在社会上赢得了良好的口碑。

2.4.2 身心智和谐发展航空体育课程创新体系实施飞行大学生身体素质与体能评价结果

民航飞行实践表明，从事民航飞行驾驶工作，飞行员必须具有良好的飞行体能，才能确保飞行安全，延长飞行寿命，这是民航运输人力资源管理的基本目标[15]。飞行人员飞行体能（体能素质）的构成包括以下方面：充沛的体力（力量、耐力、速度能力）、飞行耐力（抗飞行疲劳能力）、前庭耐力（抗晕机能力）、高空耐力（抗缺氧和低气压能力）、灵敏协调、反应能力、时差适应能力（抗生物节奏紊乱、适应夜航能力）、良好的空间知觉能力、注意分配广、转移快能力、情绪稳定性、意志坚韧、果断、勇敢、思维的敏捷性和有效性、良好的记忆力等能力[16]。在航空体育运动实践中，结合飞行体能对个体的要求，总结归纳出飞行大学生重点提升的5种素质要求：（1）灵敏、平衡、协调、快速反应能力；（2）适应宜的前庭耐力；（3）飞行耐力；（4）对航空环境的适应能力；（5）抗过重负荷能力。依据5种素质，通过文献资料分析（航空体育现行教学大纲）、专家咨询、问卷调查等方法，筛选、精选航空体育课程，优化组合。评价采用实验法，实验前后分别对对照组和实验组学生力量、速度、耐力等基本身体素质进行测试，结果见表3。

表3　实验前后2组学生力量、耐力、速度、抗荷素质成绩对比

x±s　对照组 N=250　实验组 N=250

素质	项目	组	训练前	训练后
力量素质	引体向上	对照组	4.24±3.21	9.23±4.26
		实验组	4.11±3.0	15.26±4.14
	杠端臂屈伸/次	对照组	6.34±4.31	11.23±5.64
		实验组	6.34±5.12	22.36±5.43
	仰卧两头起/min/次	对照组	14.2±3.46	18.6±7.32
		实验组	13.36±3.66	26.38±6.48
	单腿蹲起/min/次	对照组	5.67±4.65	11.36±7.21
		实验组	5.66±5.12	17.33±4.67
耐力素质	1500m/s	对照组	332.20±24.20	318.18±21.36
		实验组	330.21±24.22	302.13±20.25
	3000m/s	对照组	830.76±78.63	782.30±61.26
		实验组	830.20±78.32	740.62±52.13
	5000m/s	对照组	1576.40±113.26	1459.30±96.32
		实验组	1596.43±115.34	1410.65±96.13
	"莱格尔跑"m/s	对照组	58.00±18.00	72.00±9.00
		实验组	57.00±14.00	84.00±7.32
速度素质	100m/s	对照组	15.20±0.81	14.93±0.74
		实验组	15.42±0.90	14.01±0.60
	跳绳 min/次	对照组	98.35±10.58	110.48±9.36
		实验组	93.24±11.32	132.07±8.47
	三角移动/min/次	对照组	16.59±5.62	19.15±6.31
		实验组	15.98±6.20	28.36±4.21
	立卧撑/min/次	对照组	18.96±7.23	21.15±6.89
		实验组	18.90±7.86	28.45±5.43
抗荷能力	固定滚轮/s	对照组	62.48±9.65	59.20±9.24
		实验组	68.48±10.18	54.20±7.24
	活动滚轮/s	对照组	55.32±9.36	53.15±8.75
		实验组	56.32±9.42	50.15±7.64
	旋梯/s	对照组	74.63±10.86	68.21±9.89
		实验组	75.63±10.85	63.21±9.12
	打地转/s	对照组	64.20±16.12	53.43±15.31
		实验组	64.73±17.26	47.58±10.32

通过对表 3 中实验前测试的数据进行 T 检验，结果显示，$P > 0.05$，表明实验前对照组和实验组学生各项身体素质指标没有显著性差异，符合实验的均衡性原则。经过 1 学年的教学和训练，再次对学生身体基本素质进行测试。为了确保采集数据的公平性、准确性，测试采用任课教师回避，由测试小组进行集体测试（5 – 7 人组成）。运用 SPSS 软件对实验前后学生测试成绩数据进行比较分析，结果表明，实验组和对照组所有学生在力量项目（抗过重负荷能力）、耐力项目（飞行耐力）、速度素质、灵敏项目、航空体育专项项目（前庭耐力、抗眩晕）成绩均有提高。从测试项目成绩分析，实验组不仅平均成绩明显好于对照组，且标准差也明显低于对照组，说明实验组学生个体之间的差异也明显减小，成绩"差"的学生进步的幅度更大。

为了充分证明实验组成绩优于对照组，对实验组与对照组学生四类素质后测—前测差值独立样本进行 T 检验，结果显示，所测试项目成绩差值的 $p < 0.01$，差异具有统计学意义，说明实验组成绩优于对照组，结果见表 4。

表 4　实验组与对照组学生力量、耐力、速度、抗荷素质后测—前测
差值独立样本 t 检验结果

	力量素质	耐力素质	速度素质	抗荷能力
项目	引体向上	1500m/s	100m/s	固定滚轮/s
T 值	– 10.518	12.404	– 21.844	5.601
P 值	0.000	0.000	0.000	0.006
项目	杠端臂屈伸/次	3000m/s	跳绳 min/次	活动滚轮/s
T 值	– 7.216	34.602	– 24.593	15.618
P 值	0.001	0.000	0.000	0.000
项目	仰卧两头起/min/次	5000m/s	三角移动/min/次	旋梯/s
T 值	– 13.536	30.824	– 17.554	14.227
P 值	0.000	0.000	0.000	0.000
项目	单腿蹲起/min/次	"莱格尔跑" m/s	立卧撑/min/次	打地转/s
T 值	– 6.384	– 18.453	– 21.081	13.221
P 值	0.006	0.000	0.000	0.000

　　分析其原因归结于实验过程中，对照组执行构建前的航空体育课程体系及运行管理模式（常规体系），而实验组则执行构建后的航空体育课程创新体系及运行管理模式（创新体系），且实验组始终按照学生体能、心能、智能和谐发展的思路贯穿于教学训练的全过程，精选运动项目，特别是新兴运动项目（定向越野、素质拓展、趣味运动、团队展示）按照运动类型进行分类模块式教学（体能训练模块、心能训练模块、智能训练模块[17]，采用课上课下、线上线下、课内课外、校内校外为学生提供多种学习和训练的平台，所有教学训练项目目标均与学生未来职业体能需求挂钩融合，学生的认可度和接受度高，参与度和自觉度更高[18]。特别是新的课程体系所涵盖的6个子系统都有相对独立的运转目标、诊断与评价，又有系统间的路径互通，相互融合，并通过分析研判，不断修正目标达成，使得整个课程体系高效运转，体现了现代管理的科学性和先进性，卓越绩效和质量[19]。

　　3　结论

　　3.1　课程体系构建依据现代体育管理、卓越绩效管理、质量保障体系等理论，从大教育观、大体育观、大健康观、大安全观四维视角嵌入，把航空体育课程体系构建成一个整体系统，系统包含6大体系，每个体系都有各自的流程，且系统间形成一个开放性的有机链条，诊断、反馈与修正畅通，使整体系统的运转成效达到最佳化、最优化，充分体现了课程体系构建的创新性、科学性。

　　3.2　课程体系构建从宏观到微观、由整体到局部形成4组循环。通过4组循环，持续不断地对各体系运行存在的缺陷进行不间断的诊断、修正和优化，形成社会、家长、公司、学校、教师、学生全员参与、全过程管理、整体系统集成、层次清晰、相互辐射、相互渗透、相互衔接的质量保障体系，实现目标决策、运行与控制、测量与评估的良性循环。

　　3.3　课程体系构建充分体现了整体观，在管理运行层面上打破以往由体育部独家管理的模式，形成了学校—部门—院系—体育部上下联动，横向贯通的全员参与，全过程管理的运行模式。每个层面目标明确，责任清晰，大大提高了航空体育课程的运行质量。

3.4　课程设置体系打破了传统的航空体育课程仅局限于从生物学的角度考虑，构建紧紧围绕民航飞行员飞行体能所需的"体力—心力—脑力"，充分体现体、心、智（体能、心能、智能）的高度融合，并紧扣三个层面，将课程进行优化组合，形成融生物、心理、社会三位一体健康理念的航空体育课程设置培养体系，达成了体与脑、身与心的高度融合，这对于未来从事飞行驾驶的大学生来讲至关重要。

3.5　课程体系评价采取了社会、家长、公司、学校、教师、学生六位一体的评价模式，既有来自专家、学者的评判、又有用人单位航空公司的评价，也有来自学生及家长的评定，充分体现了评价的基础性、广泛性和全面性。

3.6　课程体系经过4年的运行，成效显著。课程体系实施效果采取了社会、航空公司、家长、学校、学生、教师六位一体的评价方式，评价5项指标的满意度均在97%以上。通过实验教学表明，实验组在速度、耐力、力量、航空专项体能方面测试成绩都远远高于对照组，且没有一个学生因为体能问题被淘汰，充分体现了课程体系的优越性、实用性和实操性。

3.7　飞行大学生身心智和谐发展航空体育课程体系构建是结合民航行业快速发展对飞行人才标准的要求和实际需求，围绕飞行适航体能、高强度飞行体能、飞行安全，从身心智三个层面，通过理论与实践的深度融合对航空体育课程进行体系构建。课程体系符合现代体育教育教学理念和民航局对飞行员身体安全的要求。因此，对于培养民航飞行员的高校而言具有较强的推广价值和应用价值。

参考文献：

［1］波音公司2015年中国市场展望报告［R/OL］．新华网（2015－09－10）．

［2］陈华卫．我国民航院校航空体育课程设计之研究［J］．安徽体育科

技，2012（04）：84.

　　[3] 李戚生，王旭. 现代民航飞行员体能训练与航空体育教育的若干思考 [J]. 中国民航飞行学院，2005（5）：11-12.

　　[4] 程道来. 飞机飞行事故原因的人为因素分析 [J]. 中国民航飞行学院学报，2006（06）：3-4.

　　[5] 陈华卫，周保辉，郭洪波. 我国民航院校体育课程设置研究 [J]. 体育文化导刊，2011（1）：103-104.

　　[6] 唐丽娟. 我国民航现役飞行员体能现状调查与对策研究 [D]. 成都：成都体育学院，2016：5-6.

　　[7] 张平. 构建我国民航飞行大学生航空体育教学体系的探讨 [J]. 四川体育科学，2007（12）：126-127.

　　[8] 叶蕾. 建构主义理念在体育教学设计中的应用研究 [J] 体育时空，2015（16）：102.

　　[9] 温恒福，王丽丽. "卓越绩效准则" 对完善大学教育质量评估标准的启示 [J]. 现代教育管理，2012（9）：45-49.

　　[10] 郝玉等，周保辉，马斌. 民航大学生飞行员航空体育课程优化设置探讨 [J]. 山东体育学院学报，2009（3）：90-91.

　　[11] 邹琳. 飞行院校航空体育课程现状调查与研究 [J]. 才智-人资社科，2016：231.

　　[12] 李鹏. "学习者为主体" 理念与高校体育教学模式重构——建构主义视角 [J]. 教学·探索，2013（6）：79-80.

　　[13] 宫新军. 卓越绩效管理下民航飞行员的培养 [J] 中国民用航空，2012（6）：52-54.

　　[14] 钟启泉. 概念重建与我国课程创新——与《认真对待 "轻视知识" 的教育思潮》[J]. 北京大学教学评论，2014，24（3）：54-57.

　　[15] 中国民用航空总局.2014 年民航行业公报 [OL].［2015-03-20］.

［16］Carretta TR. U. S. Air Force pilot selection and training meth – ods.
［C］. Aviat Space Environ Med，2000，71（9）.

［17］TRADOC standardized physical fitness training BCT . Headquarters de-partment of the United States army training and doctrine command, November 2003.

［18］Elizabeth Quinn. How to build a strong foundation ［OL］. 2006.

［19］焦叔斌. 教育类卓越绩效准则 ［M］. 北京：中国人民大学出版社，2005.

我国高校民航飞行技术专业学生航空体育课程设置创新体系构建研究

［发表于山东体育学院学报，2017（6）：112 –118］

李金华　张红霞[1]

（1. 滨州学院体育系，滨州，256603）

摘要：采用文献资料、实地调研、专家咨询、问卷调查等研究方法，结合当前我国民航院校飞行技术专业学生航空体育课程设置及运行现状，运用现代体育管理科学、体育课程设计、卓越绩效管理、质量工程管理等理论，从生物、心理、社会（体能、心能、智能）三个层面、构建了高校民航飞行学生航空体育课程设置创新体系。通过实施、实验、实践证明，体系对推进高校民航飞行学生航空体育课程参与部门的协同创新、管理运行有积极的影响；对提高飞行学生身体素质、飞行体能具有一定的促进作用；对丰富航空体育课程设置创新体系构建理论提供参考；为民航管理部门制定相关政策提供决策依据。

关键词：民航高校；飞行学生；航空体育；课程设置；创新体系

Research on the Construction of the Innovation System of the Aviation P. E. Curriculum of Civil Aviation Flight technology professional Students in China[①]

LI Jin – Hua[1]，ZHANG Hong – Xia[1]

（Physical education department of Binzhou University，Binzhou 256603）

Abstract：Using methods of literature，field investigation，expert consultation，questionaire survey，etc.，this paper combined with the current situation of P. E. Curriculum system of civil aviation fligh college students，used theories of modern management science，sports curriculum design，excellent performance management，quality engineering management，from three levels of the biological，psychological，social（physical，heart，intelligent），constructed aviation sports curriculum innovation system of civil aviation colleges students. By implementing，experiment，practice，it proved that this system had a positive effect on college civil aviation flight student aviation sports curriculum participating departments' collaborative innovation and management operation；promoting students´physical quality and flight physical level；providing decision basis for civil aviation management department to make relevant policies.

Key Words：the civil aviation college；flight students；aviation sports；the curriculum edsign；innovation system

多年来，飞行安全问题一直是民航运输业最为关注的话题。2016 年 5 月

① 基金项目：2014 年国家教育部人文社科规划基金项目（体育科学类）（14YJA890006）

第一作者简介：李金华（1960.3），男，汉族，副教授，主要从事航空体育与管理研究 Tel：（0543）3190903，手机：15866250896，E – mail：bz_ lijinhua@126. com.

25 日，民航局发布了《关于进一步深化民航改革工作的意见》，就"十三五"期间民航业的改革提出了"以人为本、安全第一"的思路和目标。国家民航总局前局长李家祥指出："民航业要打造安全战略，中国民航要持续安全，在安全保障链条中，人是起决定作用的核心因素。"现任国家民航总局局长冯正霖分析道："随着我国民航机队规模不断扩大，安全压力必然将越来越大，这就更要求民航业要始终坚持飞行安全的底线。"飞行人才是航空运输业发展的重要人力资源，飞行员既是飞机的驾驶者，又是飞行安全的掌控者，大量的飞行实践表明，在影响飞行安全的诸多因素中，飞行员的身体安全是第一位的。因此，作为民航飞行员重要输出基地的高校而言，航空体育课程面临的主要任务就是通过课程的运行实施，培养出完全符合民航飞行要求且身心智和谐发展的优质飞行员。通过调研、对比分析表明，目前高校航空体育课程还没有真正从理论和实践层面上形成科学系统的课程体系，导致课程决策目标不够明确、参与管理部门单一，课程设置缺乏系统、规范，课程运行缺乏监督、检查，课程教学评价模式单一等诸多问题。因此，站在服务于民航事业发展和民航飞行安全的视角，围绕飞行适航体能、高强度飞行体能、飞行安全，从身心智三个层面进行课程设置，并通过理论与实践的深度融合构建民航飞行大学生航空体育课程创新体系，对提高民航飞行大学生身体素质、飞行体能及身心智和谐发展有着重要的现实意义。

1 研究对象与方法

1.1 研究对象 以设立民航飞行技术本科专业的北京航空航天大学、南京航空航天大学、中国民航大学、中国民航飞行学院、上海工程技术大学、沈阳航空工业学院、滨州学院飞行学院、安阳工学院飞行学院等 11 所高校为调查对象，以航空体育课程设置创新体系构建为研究对象。

1.2 研究方法

1.2.1 文献资料研究 通过中国知网搜集和检索有关我国高校民航飞行技术专业学生航空体育课程设置体育类中文核心期刊发表的相关研究论文及体育专业博士、硕士研究论文 90 余篇，搜集整理了 11 所高校现行航空体育课程标准及运行教学大纲，并进行了认真的研读和分析。

1.2.2 实地考察法 2009—2016 年先后分别对北京航空航天大学、南京航空航天大学、中国民航大学、中国民航飞行学院等高校进行了实地考察，对上述学校航空体育课程设置体系构建、师资队伍、课程运行管理、场地设施等诸方面进行了详细的了解和记录，掌握了详实的第一手资料。

1.2.3 专家咨询法 通过专家访谈、电话沟通、面对面交流等形式，对前国家民航总局局长李家祥、国家教育部发展规划司规划处处长周天明、民航华东局航空医院金清清院长等 20 多位民航业领导、专家、5 名国外航校飞行教练、8 名飞行学院院长、8 名航空院系体育部主任、12 名航空公司现役机长、50 名现役飞行员就航空体育课程设置体系构建、运行、管理、评价等方面进行了咨询和访谈，听取意见和建议。在此基础上，对我国高校民航飞行学生航空体育课程设置创新体系构建模式进行设计。

1.2.4 问卷调查法 对中国民航飞行学院、南京航空航天大学、滨州学院飞行学院等高校在校飞行技术专业学生、国外飞行驾驶培训学生、山东航空公司 2013—2015 年"大改驾"飞行学生就航空体育课程运动项目设置、师资水平、教学运行与管理、航空专项场地器械、学习满意度等进行了问卷调查，共发放问卷 2200 份，收回 2168 份，有效问卷 2168 份，回收率、有效率 98.54%。

2 研究结果与分析

2.1 我国高校民航飞行技术专业学生航空体育课程设置的沿革与现状剖析

高校培养民航飞行大学生始于 20 世纪 50 年代中期，起源于中国民航飞行学院（前身为中国民用航空局航空学校），当时正值新中国成立初期，由于国情所致，飞行学员大多来自于空军或空军退役人员，因此，航空体育课程科目的设置和实施完全照搬了空军飞行员的培养内容和训练模式[1]。20 世纪 80 年代初，国家民航局推行出台了飞行人员身体锻炼办法和锻炼标准，但其主体内容仍就参照了《空军飞行员的健康条例》。20 世纪 90 年代中期，作为中国民航飞行员最大的培养输出基地——中国民航飞行学院部分体育教师率先开始涉猎高校民航飞行学生航空体育教学、训练及应用研究，但此时的研究尚处于起步阶段。21世纪初期，我国进入民航发展的黄金期，民航运输业的快速发展导致飞行员的缺口和需求量不断增大，随之招收民航飞行技术专业学生的高校也日趋增多，除4大民航专业院校外，普通高校作为特色专业也开始尝试招收民航飞行学生，并围绕如何培养出更多、更好的优质民航飞行员展开研究，此阶段有关航空体育课程设置、课程建设研究进入了高峰期。截至2015年12月，见诸各类体育刊物刊登的航空体育课程研究的论文有50余篇，其中体育中文核心期刊6篇。纵观这些研究论文的主题主要涉及两个层面：一是航空体育课程设置研究；二是航空体育课程教学改革研究。深入剖析这些研究成果的内核，大多仍从生物学的观点出发，课程设置仍就摆脱不了"空飞"培养模式的烙印。随着民航飞行器智能的高端化，民航飞行员的培养必须打破传统，改革创新，注重身心智的和谐发展。通过对北航大、南航大、民航大、中飞院等多所民航专业院校现行航空体育课程教学大纲进行剖析，仍就存在课程项目设置单一、内容单调等突出问题。课程设置既缺乏理论依据，又缺乏科学性，更缺少诊断和评价数据支撑课程设置的科学性和实用性，甚至有些项目的设置照搬传统、凭经验，带有一定的盲目性和随意性，没有从质量保障的视角形成一套科学、系统的课程设置体系，缺乏大创新、大视野、大开放的理念。据悉，目前招收飞行学生的高校之间在航空体育研究领域信息闭塞，缺乏开放的心态和有效的学术研讨、交流与沟通，航空体育课程教学也没有在教育部和民航总局指导下编写统一的教学大纲和课程标准，教材均为自编，严重影响了航空体育课程运行的质量。

2.2 我国高校民航飞行技术专业学生航空体育课程设置创新体系构建的必要性

当今，随着国际民航业的激烈竞争，我国民航运输业也步入了高速发展的快车道。据权威人士透露，按照当前的发展速度，中国未来20年需要10

万名民航飞行员[2]。而我国目前招收飞行学生的高校仅有 11 所，且每年招收的总量在 2200 人左右，加上各航空公司自招的"大改驾"飞行学员 1500 人左右，每年的总量在 3500—4000 人左右。所以，民航飞行员的培养数量和质量就成为当下高校和航空公司的热点和焦点问题。就培养民航飞行大学生的高校而言，航空体育课程设置必须既符合教育部对高校大学体育课程的规定和要求[3]，又符合民航运输业飞行员职业所需的航空飞行体能，且必须确保学生在校四年顺利通过民航专业医院的年度体检。据招收飞行学生的 8 所高校相关数据分析，飞行学生总体淘汰率约为 10% 左右，其中因身体问题而被淘汰的占 8%。另据航空公司飞行培训部专业人士透露，如果飞行学生在飞行培训阶段因身体原因被淘汰，航空公司就会损失几十万甚至上百万。对于飞行大学生而言，大学既是他们接受航空体育教育的开始，又是最后阶段，此阶段能否使学生接受良好的航空体育教育，身心智得到有效强化，并辐射和渗透到未来职业中至关重要。另据相关资料显示，近年来，诸多航空公司飞行员 30—50 岁年龄段中，患高血压、高脂血症、脂肪肝的比例越来越高，且有逐年上升的趋势。按照民航总局要求和飞行员体检标准，如出现上述病症，必须停飞，直至身体完全恢复才能上机[4]。近年来，新闻媒体报道国内外航空公司连续出现民航飞行员猝死的案例屡见不鲜。分析其原因，一是因为飞行员承受的飞行压力和饮食问题；二是缺乏良好的运动习惯，导致身体肥胖，心血管出现问题。因此，飞行大学生在校四年期间，通过航空体育课程的学习和训练，精准掌握 2—3 项体育运动项目作为终身锻炼的内容，养成良好的运动习惯尤为重要。

当下，国内外飞机失事事故频繁，引起各国及民众对民航运输业安全问题的担忧和恐慌，这是一个全球性的问题。据国际民航局的调查发现，随着民航飞行器智能化的提高，飞行事故发生率的 80% 是人为因素，20% 是机械故障或其它因素。而在飞行过程中，飞行员的体能、体力、情绪和心理变化对飞行都有直接的影响。身体的不适，微妙的心理变化和情绪的波动，都会直接导致出现很严重的后果[5]。为此，诸多体育学、生理学、心理学专家研究成果表明，合理制订锻炼计划，科学选择和安排锻炼内容、手段和运动量就会有效的提高身体素质和体能，而人的精神状态和心理素质也是完全可以通过长期体育锻炼得到有效的改善和提高，不良的精神状态和心理问题也会得到有效的缓解和控制。[6]基于上述原因，站在民航飞行大安全观的视角，围绕飞行员适航体能、飞行体能所需求的综合素质，构建全面、完整、系统的管理、运行、支持、保障、监督、诊断、评价、反馈、修正的新型航空体育课程设置创新体系[7]，形成科学规范的管理流程，确保航空体育课程执行的高标准和高质量，最大限度的改善民航飞行学生的身体素质和飞行体能，从而使航空体育课程运行效能达到最大化和最佳化。

2.3 高校民航飞行技术专业学生航空体育课程设置创新体系构建模式

运用现代体育教育教学管理和卓越绩效评价理论、方法，以改革创新、求实发展的理念，从大教育、体育、健康、航空、安全观视角嵌入，构建民航飞行技术专业学生航空体育课程设置创新体系。体系包含6个子体系，即航空体育课程设置的决策目标体系、航空体育课程设置的运行管理体系、航空体育课程设置的人才培养体系、航空体育课程设置的实施支持体系、航空体育课程设置的基础保障体系。6个子体系间形成一个开放性的有机链条，目标决策、管理运行、人才培养、诊断、评价、反馈与渠道畅通，使整个系统的运转成效达到最佳化、最优化。其目的是保障航空体育课程体系中各子体系件的无阻运行，达到效益最佳化。其目标是保证航空体育课程的运行质量，为航空公司培养身心智和谐发展的优质飞行员。航空体育课程设置创新体系构建模式见图1。

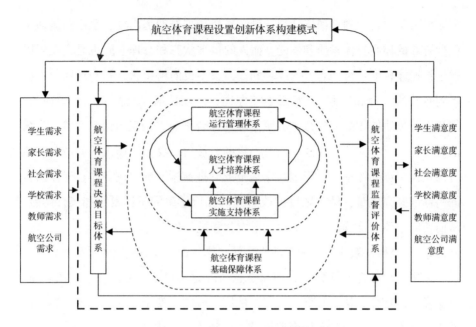

图1　航空体育课程设置创新体系构建模式

解析航空体育课程设置创新体系，体现了绩效管理和质量保障的创新理念，航空体育课程创新体系从宏观到微观、从局部到整体之间形成 4 个循环。通过系统内的有序良性循环和运转，以提高航空体育课程设置创新体系整体系统的满意度为基本点，以推进和实施航空体育课程设置创新体系的整体运行和过程管理、持续不断地对 6 个子体系各体系运行存在的缺陷进行不间断的诊断、评价和修正，以及对航空体育课程设置创新模块的优化组合为核心，形成社会、航空公司、学生家长、培养学校、体育教师、飞行学生全员参与、全过程管理、层次清晰、相互辐射、相互渗透、相互衔接的航空体育课程设置创新体系，形成课程创新体系的目标决策、运行与控制、监督与监管、测量与评价的良性循环。

2.4　高校民航飞行技术专业航空体育课程设置创新体系人才培养

航空体育课程是一个综合性的课程，因此，课程设置的关键在于能否紧扣民航运输业的发展对飞行学生综合素质能力的要求，精选体育项目进行优化组合，而课程设置的核心焦点在于设置了哪些运动项目，学生通过学习、练习获取了怎样的知识和能力，提高了哪些身体素质和体能。研究围绕民航飞行员航空飞行所需的"脑力—心力—体力"，涉及智能、心能、体能三个层面，融体育健康基础理论（健身、健康、保健、康复、养生）、身体基本素质（速度、力量、耐力、灵敏、反应等）、航空专项体能（前庭机能——抗眩晕、平衡等）于一体，将竞技体育项目、大众体育项目、航空专项体育项目、保健康复、智力体育、心理训练等课程理论与实践案例进行优化组合，形成融生物、心理、社会三维一体健康理念的航空体育课程设置培养体系[8]，充分体现了体与脑、体与心的高度融合。课程设置主要是根据民航飞行员飞行体能的要求与运动项目的关联性进行筛选、精选，优化组合，以生为本，以发展飞行体能为主线，形成一套身心智高度融合完整的、系统的课程设置创新体系。航空体育课程设置创新体系的构成要素主要有课程设置模块（理论、技能、实践——凸显身心智的高度融合）、培养渠道模块（理论、实践——体现课内课外，校内校外，线上线下相结合）、考核评价模块（标准、方法、运行——体现评价的针对性、科学性、全面性），充分体现了课程设置的科学性；课程培养途径的多样性、有效性和应用性；课程效果考核及评价的针对性和符合度。具体流程见图2。

在培养过程中，始终按照学生体能、心能、智能和谐发展的思路贯穿于教学训练的全过程，精选运动项目，特别是新兴运动项目（定向越野、团队拓展、趣味运动、户外生存、极限挑战等），按照运动类型进行模块式教学，即体、心、智训练模块。采用课上课下、线上线下、课内课外、校内校外的多渠道为学生提供多种学习和训练的平台，所有教学训练项目目标均与学生未来飞行职业体能需求挂钩融合，学生的认可度和接受度高，从而激发了学生参与的积极性和热情，学习效果也达到最佳化。

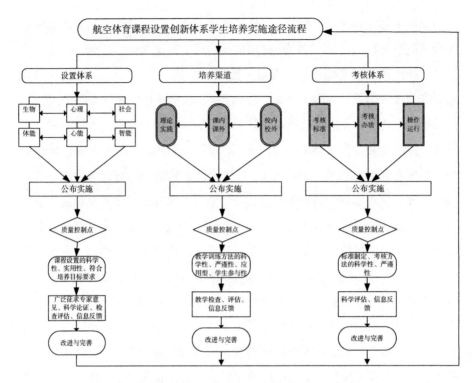

图2 航空体育课程设置创新体系学生培养实施途径流程

2.5 高校飞行技术专业学生航空体育课程设置创新体系实施过程的监督评价

评价是导向，评价是引领。航空体育课程设置创新体系运行效果的监督与评价主要是以飞行技术专业学生身心智和谐发展整体培养体系为动力，具有导向、激励、诊断、监督和改进功能。构成要素有：评价标准、评价指标的制定、参与评价人的界定、日常监督评价、学期学生体能指标评价、学年学生体能指标评价、绩效评价、教师教学评估。该体系重点体现主管部门、航空公司、学生家长、培养学校、体育教师、飞行学生"六位一体"评价效果的满意度，通过评价达到对飞行学生提前诊断、提前预警的功能，确保不使一个飞行学生掉队。具体流程见图3。

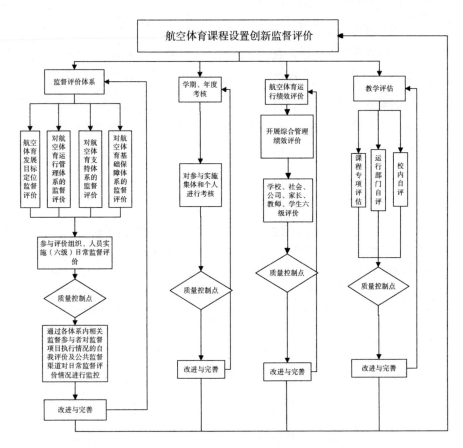

图3　航空体育课程设置创新体系监督评价流程

2.6　飞行技术专业学生航空体育课程设置创新体系运行效果评价与检验

2.6.1　飞行技术专业学生航空体育课程设置创新体系运行效果评价

飞行技术专业学生航空体育课程设置创新体系研究历经了"提出设想—建立模型—操作实验—诊断评价—持续改进—完善体系"6个阶段。在整个过程中紧紧围绕4大主题和3大目标，高标定位，落地管理。4大主题：科学管理、高效运行、卓越绩效、质量工程。3大目标：学校目标、体育部目标、学生目标。学校目标——为民航培养身心智和谐发展的优质飞行员；体育部目标—不使一个学生掉队，学生身体形态、身体素质、身体技能完全符合民航体检要求；学生目标—发展体能，达到飞行体能标准，养成运动习惯，形成终生意识。在体系运行过程中，实施全员全过程参与、跟踪，管理，纪实，以点带面，以面促点，点面结合，全覆盖、全辐射，严把指标体系的每个细节，高标要求，做严做实，做精做细，精准管理，通过课程体系各子系统的高效运转，形成合力，学生基础身体素质和航空专项体能均得到全面提升，身体形态、技能、素质各项指标完全达到航空公司的标准。航空体育课程设置创新体系实施过程中，对运行效果采取了主管部门、航空公司、学生家长、培养学校、体育教师、飞行学生"六位一体"的监督评价。评价结果见表1。

表1　航空体育课程设置体系创新构建及运行效果满意度调查

评价者	满意度	非常满意（%）		比较满意（%）		不满意（%）
主管部门 N = 12		11	91.7	1	8.3	0
航空公司 N = 10		10	100	0	0	0
学生家长 N = 400		390	97.5	10	2.5	0
培养学校 N = 6		6	100	0	0	0
飞行学生 N = 1200		1156	96.3	44	3.7	0
体育教师 N = 16		16	100	0	0	0

课程体系运行实践中，对中国民航飞行学院、滨州学院飞行学院2009—2012级4级580名飞行毕业生进行跟踪调研和体质、体能测试结果显示，580名飞行学生中无一人因身体素质、体能不达标而被航空公司淘汰，且学生体测达标优秀率逐级提高，评价结果见表2。

表2　航空体育课程设置创新体系实施综合评价

年级	项别	体测达标优秀%	年度体检淘汰%	飞行体能淘汰%	公司面试体能达标%	航空飞行停飞%
2009 级		34	0	0	100	0
2010 级		41	0	0	100	0
2011 级		45	0	0	100	0
2012 级		.51	0	0	100	0

2.6.2 飞行技术专业学生航空体育课程设置创新体系教学训练效果检验

国内外民航飞行实践表明，从事民航运输业飞行驾驶工作，飞行员必须具有良好的飞行体能。通过对国航、山航、海航、深航等航空公司现役飞行员的调研表明，也充分证实了飞行体能在飞行中的重要性。因此，在航空体育课程实践中，结合飞行员适航飞行体能对飞行员个体的要求，设置了飞行大学生必须重点提高的5种素质：（1）灵敏、平衡、协调、快速反应能力；（2）适应宜的前庭耐力；（3）飞行耐力；（4）对航空环境的适应能力；（5）抗过重负荷能力。依据5种素质，通过对北航大、南航大、民航大、中飞院等航空专业高校现行航空体育课程教学大纲论证分析、专家咨询、问卷调查等方法，筛选、精选诸多体育项目进行优化设置。评价采用实验教学，选取滨州学院飞行学院2011—2014级4个年级，每年级选取2个教学班，设实验和对照两组（N＝200）。实验内容精选最能体现飞行适航体能的体育运动项目和航空体育专项器械项目共15项。实验前后分别对两组学生进行测试、数据对比、检验分析。通过测试数据分析表明，实验前对照组和实验组学生各项身体素质指标没有显著性差异，符合实验的均衡性原则。经过1学年的实验结果表明，虽然实验组和对照组所有学生在力量项目（抗过重负荷能力）、耐力项目（飞行耐力）、速度素质、灵敏项目、航空体育专项项目（前庭耐力、抗眩晕）成绩均有提高，但运动成绩提高和学生进步的幅度实验组明显高于对照组。从测试项目成绩分析，实验组不仅平均成绩明显好于对照组，且标准差也明显低于对照组，说明实验组学生个体之间的差异也明显减小（实验结果见表3—6）。分析其原因归结于实验过程中，对照组执行构建前（常规）的航空体育课程设置体系及运行管理模式，而实验组则执行重构后的航空体育课程设置创新体系及运行管理模式，在实施过程中，精选传统体育运动项目＋新兴体育运动项目（定向越野、团队拓展、趣味运动、户外生存、极限挑战等），采用体能、智能、心能融合模块式教学（体能训练模块、心能训练模块、智能训练模块）[9]，学生的认可度和接受度高，参与度和自觉度更高，因此，运动成绩也更好。

表 3 实验前后两组学生力量素质成绩比较

$\bar{x}\pm s$ 对照组 N=200 实验组 N=200

项目 组别	引体向上/次		杠端臂屈伸/次		仰卧两头起/min/次		单腿蹲起/min/次	
	训练前	训练后	训练前	训练后	训练前	训练后	训练前	训练后
对照组	4.24±3.21	9.23±4.26	6.34±4.31	11.23±5.64	14.2±3.46	18.6±7.32	5.67±4.65	11.36±7.21
实验组	4.11±3.00	15.26±4.14*	6.34±5.12	22.36±5.43**	13.36±3.66	26.38±6.48*	5.66±5.12	17.33±4.67*

*:P<0.05 差异显著 **:P<0.01 差异非常显著

表 4 实验前后两组学生耐力素质成绩比较

$\bar{x}\pm s$ 对照组 N=200 实验组 N=200

项目 组别	1500m/s		3000m/s		5000m/s		"莱格尔跑" m/s	
	训练前	训练后	训练前	训练后	训练前	训练后	训练前	训练后
对照组	332.20± 24.20	318.18± 21.36	830.76± 78.63	782.30± 61.26	1576.40± 113.26	1459.30± 96.32	58.00± 18.00	72.00± 9.00
实验组	330.21± 24.22	302.13± 20.25**	830.20± 78.32	740.62± 52.13**	1596.43± 115.34	1410.65± 96.13*	57.00± 14.00	84.00± 7.32**

*:P<0.05 差异显著 **:P<0.01 差异非常显著

表 5　实验前后两组学生速度素质成绩比较

$\bar{x} \pm s$　对照组 N = 200　实验组 N = 200

项目 组别	100m 跑 m/s		跳绳 min/次		三角移动/min/次		立卧撑/min/次	
	训练前	训练后	训练前	训练后	训练前	训练后	训练前	训练后
对照组	15.20 ± 0.81	14.93 ± 0.74	98.35 ± 10.58	110.48 ± 9.36	16.59 ± 5.62	19.15 ± 6.13	18.96 ± 7.23	21.15 ± 6.89
实验组	15.42 ± 0.9	14.01 ± 0.60*	93.24 ± 11.32	132.07 ± 8.78**	15.98 ± 6.20	28.36 ± 4.21*	18.90 ± 7.86	28.45 ± 5.43**

*：P < 0.05 差异显著　**：P < 0.01 差异非常显著

表 6　实验前后两组学生抗荷能力（航空专项器械）成绩比较

$\bar{x} \pm s$　对照组 N = 200　实验组 N = 200

项目 组别	固定滚轮/s		活动滚轮/s		旋梯/s	
	训练前	训练后	训练前	训练后	训练前	训练后
对照组	62.48 ± 9.65	59.20 ± 9.24	55.32 ± 9.36	53.15 ± 8.75	74.63 ± 10.86	68.21 ± 9.89
实验组	68.48 ± 10.18	54.20 ± 7.24*	56.32 ± 9.42	50.15 ± 7.64**	75.63 ± 10.85	63.21 ± 9.12*

*：P < 0.05 差异显著　**：P < 0.01 差异非常显著

　　为了充分证明实验组的成绩优于对照组，对实验组与对照组学生四项素质后测－前测差值独立样本进行 T 检验，结果显示，所测试项目成绩差值的 $p < 0.01$，差异具有统计学意义，说明实验组成绩优于对照组，结果见表 7—10。

表 7　实验组与对照组学生力量素质后测－前测差值独立样本 t 检验结果

	引体向上/次	杠端臂屈伸/次	仰卧两头起/min/次	单腿蹲起/min/次
t 值	−10.518	−7.216	−13.536	−6.384
p 值	0.0002	0.001	0.0005	0.0068

表 8　实验组与对照组学生耐力素质后测－前测差值独立样本 t 检验结果

	1500m/s	3000m/s	5000m/s	"莱格尔跑" m/s
t 值	12.404	34.602	30.824	−18.453
p 值	0.0001	0.0004	0.0002	0.0005

表 9　实验组与对照组学生速度素质后测－前测差值独立样本 t 检验结果

	100m 跑 m/s	跳绳 min 次/	三角移动/min/次	立卧撑/min/次
t 值	−21.844	−24.539	−17.554	−21.081
p 值	0.0006	0.0005	0.0006	0.0006

表 10　实验组与对照组学生抗荷能力后测－前测差值独立样本 t 检验结果

	固定滚轮/s	活动滚轮/s	旋梯/s
t 值	5.601	15.618	14.227
p 值	0.006	0.0002	0.0006

3　结论

3.1　航空体育课程设置创新体系构建体现了卓越绩效管理和质量工程理论的理念，符合当代体育教育教学理论，体现了课程体系构建的科学性和创新性，对推进航空体育课程教学模式的改革具有一定的借鉴作用。

3.2　航空体育课程创新体系构建从宏观到微观、由整体到局部形成 4 组循环。通过 4 组循环，持续不断地对 6 大体系运行存在的缺陷进行不间断的诊断、修正和优化，形成层次清晰、相互辐射、相互渗透、相互衔接的质量保障体系，实现目标决策、运行与控制、测量与评估的良性循环。

3.3　航空体育课程创新体系构建紧紧围绕民航飞行员飞行体能所需的"体力—心力—脑力"，充分体现体、心、智（体能、心能、智能）的高度融合，并紧扣三个层面，将课程进行优化组合，形成融生物、心理、社会三维一体健康理念的航空体育课程设置培养体系，达成了体与脑、身与心的高度融合。

3.4　航空体育课程创新体系构建评价体系采取了主管部门、航空公司、学生家长、培养学校、体育教师教师、飞行学生六位一体的评价模式，充分体现了评价的基础性、广泛性和全面性，对提高航空体育课程质量起到了监控、督导和保障作用。

3.5　航空体育课程创新体系经过 4 年的运行，成效显著。通过对照实验教学表明，实验组在速度、耐力、力量、航空专项体能方面测试成绩都远远高于对照组，且没有一个学生因为体能问题被淘汰，充分体现了课程体系的优越性、实用性和实操性。因此，对于高校航空体育课程建设具有一定的指导和借鉴作用、较强的推广价值和应用价值。

参考文献：

［1］李咸生等.现代民航飞行员体能训练与航空体育教育的若干思考［J］.中国民航飞行学院，2005（5）：11-12.

［2］波音公司 2015 年中国市场展望报告［R/OL］.2015 中国市场预测（2015-08-25）.网易航空（北京）.

［3］陈伟华等.我国民航院校体育课程设置研究［J］.体育文化导刊，2011（1）：103-104.

［4］徐占民等.12333 名民航现役飞行员体质量指数调查分析［J］.中华实用诊断与治疗杂志，2011（04）：413.

［5］李明等．民航飞行学院某分院飞行教员健康状况的调查分析［J］．航空航天医学杂志，2012（07）：808－809．

［6］张平．构建我国民航飞行大学生航空体育教学体系的探讨［J］．四川体育科学，2007（12）：126－127．

［7］郝玉等．民航大学生飞行员航空体育课程优化设置探讨［J］．山东体育学院学报，2009（3）：90－91．

［8］周保辉等．我国民航飞行体育课程现状的调查与反思［J］．体育学刊，2009（8）：72－73．

［9］焦叔斌．教育类卓越绩效准则［M］．北京．中国人民大学出版社，2005．

民航飞行大学生体能训练体系构建研究与实践

——以滨州学院为例

（发表于《运动》2016 年 4 月）

李金华　宋佩双

摘要：采用文献资料法、比较实验法、专家访谈法、问卷调查法、测试分析法、实地考察法等方法，就飞行技术专业体能训练体系构建进行了研究，构建了飞行技术专业体能训练体系，提出了实施和完成体能训练的几点建议，旨在完善体能训练体系，为培养飞行技术专业学生良好的身体素质提供有价值的参考。

关键词：飞行技术专业；体能训练；体系构建

引言

滨州学院自 2006 年组建飞行学院并开始招生，成为全国第一家培养民航飞行员的地方普通本科院校。至 2012 年已招生七届学生，共计 641 人，已有 215 人走向工作岗位开始了飞行驾驶工作。飞行技术专业学生的体能状况，会直接影响飞行安全和飞行员的飞行寿命。因此，体能训练体系的构建与完善显得尤为重要[1]。

1　研究对象与方法

1.1　研究对象

以滨州学院飞行学院飞行技术专业 2006 级、2007 级、2008 级、2009 级、2010 级、2011 级、2012 级共计 641 名学生及海南航空股份有限公司和山东航空有限公司大学生改驾驶学员 400 余人为研究对象。其中，飞行学院已毕业工作的学生 215 人，在国外学驾驶的学生 174 人，在校生 252 人。海南航空股份有限公司和山东航空有限公司大学生改驾驶的 400 余名学员均在航空公司工作或在国外学驾驶。

2.2　研究方法

2.2.1　比较实验法

对 2006 级、2007 级体能训练体系和 2008 级、2009 级、2010 级体能训练体系，及 2011 级、2012 级体能训练体系，进行比较实验。同时也用于大学生改驾驶学员进行试验。

2.2.2　访谈法

对已工作的学生、大学生改驾驶学员、在国外学习飞机驾驶返校及在校学生和有关民航专家进行走访调查，进一步了解学生在工作、学驾照及在校的体能方面的情况和航空公司对飞行员的体能要求。

2.2.3　问卷调查法

针对体能训练体系从 2007 级开始在每级学生中进行问卷调查，主要从体系内容的重要性、兴趣性、所占比例等方面进行单选和排序调查。

2.2.4　测试分析法

对测试成绩包括总成绩、单项成绩进行汇总分析和研究，发现存在的问题，进一步完善体能训练体系。

3　研究结果与分析

3.1　体能训练体系的建立

研究经过了三个阶段的调查、应用和试验后，逐步形成了飞行技术专业体能训练体系。

2006—2007级体能训练体系构建内容（第一阶段试验内容）：（1）耐力素质3000米跑；（2）抗眩晕素质：固滚、旋梯、浪木；（3）速度素质：100米跑、200米跑；（4）灵敏协调性反应素质：篮球练习、排球练习；（5）基础素质：单杠、双杠练习。2008—2010级体能训练体系构建内容（第二阶段试验内容）：（1）耐力素质：3000米跑、5000米跑；（2）抗眩晕素质：固滚、活滚、旋梯、浪木；（3）速度素质：100米跑、200米跑；（4）灵敏协调性反应素质：篮球练习、排球练习；（5）基础素质：单杠、双杠练习、腹肌练习、支撑练习。2011—2012级体能训练体系构建内容（第三阶段试验内容）：（1）耐力素质3000米跑、5000米跑；（2）抗眩晕素质：固滚、活滚、旋梯、浪木；（3）速度素质：100米跑、200米跑、400米跑；（4）灵敏协调反应素质：篮球练习、排球练习、乒乓球练习；（5）基础素质：单杠、双杠练习、腹肌练习、支撑练习、游戏。

3.2 对飞行技术专业体能训练体系构建内容的认可度调查统计情况

内容	非常重要	重要	不太重要
耐力素质	85%	15%	0%
抗眩晕素质	86%	14%	0%
速度素质	50%	40%	10%
灵敏协调性反应素质	90%	10%	0%
基础素质	40%	40%	20%

3.3 对飞行技术专业体能训练体系构建内容练习兴趣的调查统计情况

内容	兴趣非常浓	兴趣浓厚	兴趣不太浓厚
耐力素质	10%	20%	70%
抗眩晕素质	40%	40%	20%
速度素质	0%	25%	55%

内容	兴趣非常浓	兴趣浓厚	兴趣不太浓厚
灵敏协调性反应素质	55%	30%	15%
基础素质	0%	45%	35%

3.4 对飞行技术专业体能训练体系构建内容在各个学期的安排及所占测试成绩比例

内容	第一学期	第二学期	第三学期	第四学期
耐力素质	30%	30%	30%	30%
抗眩晕素质	25%	30%	30%	30%
速度素质	10%		10%	
灵敏协调性反应素质	15%	20%	10%	20%
基础素质	20%	20%	20%	20%

3.5 对飞行技术专业体能训练体系构建情况分析

3.5.1 飞行技术专业体能训练体系构建内容符合飞行学员身体素质需求

经过三个阶段的教学实践以及参加工作后学生的反馈，2011—2012级学生目前使用的体能训练内容体系（第三阶段体能训练体系内容）较2010级前学生体能训练内容体系（第一、二阶段体能训练体系内容）更贴近专业特点、更有使用、更完善。特别是速度素质400米跑、灵敏协调反应素质乒乓球、基础素质游戏的增加，使体能训练更加全面有趣，为培养身体合格的民航飞行员提供了有力支持。

3.5.2 学生对飞行技术专业体能训练体系构建的认可度较高

学生对体能训练体系的内容有较高的认可度，特别是耐力素质、抗眩晕素质、灵敏协调性反应素质，学生们认为在飞行驾驶中非常重要，是飞行安全的保障，是飞行寿命延长的坚实基础[2]。已经走向飞行驾驶的学生表明，体能素质好的学生掌握驾驶技术快，飞行工作中晋升快，这一点，从 2006 级、2007 级、2008 级学生中得到了证实。另外，通过对四届大学生改驾驶学员的短期培训，也证实了体能训练体系内容的有效性。尽管时间短，但从公司反馈情况看，学员、公司主管部门对培训内容、培训过程、培训效果等均认可。所以，学生对体能训练体系构建的内容认可度较高。

3.5.3　学生对体能训练体系构建内容的兴趣与项目自身趣味性有关系

学生对耐力素质认可度较高，但训练兴趣不高。学生对灵敏协调性反应素质认可度高，训练兴趣也很高。耐力素质训练相对比较枯燥，学生练习起来就会表现出不积极，不主动。篮球、排球、乒乓球等灵敏协调性反应练习内容相对趣味性高，学生在练习过程中就表现出积极和主动的现象。从以上分析可以得出，学生对项目练习的兴趣与项目自身的趣味性有关。

3.5.4　各学期测试内容合理，所占比重恰当

各学期体能训练内容要符合飞行员体能要求，有针对性的进行选择并实施，以达到全面提升学生的体能素质[3]。在遵循这一原则的前提下，突出重点，兼顾全面。每一学期测试的内容和所占比重就是体现了这一点。耐力素质、抗眩晕素质尤为重要，所以占得比重就多一些。基础素质、灵敏协调反应素质和速度素质也缺一不可，同样占了相应的比重。从历届学生测试成绩及工作后反馈情况也证实了目前测试内容的全面性和所占比重的合理性。

4　结论与建议

4.1　结论

4.1.1　飞行技术专业学生体能训练体系构建内容重点突出且全面，在训练中所达到的效果明显

对学生身体素质的全面提高有很大的帮助，符合民航飞行员身体素质的要求。

4.1.2　体能体系的训练内容及测试内容、所占比重合理具有较强的应用性

4.1.3　系统地、有计划地实施体能训练体系，更有助于学生养成终身自觉锻炼的良好习惯，从而延长飞行员的飞行寿命

4.2　建议

4.2.1　训练内容搭配要科学合理

科学合理的搭配有助于学生体能的尽快提升。

4.2.2　测试过程要真实、公平，更能进一步激发学生自觉锻炼的积极性

4.2.3　训练过程中要充分提高训练项目的兴趣性

兴趣性训练能充分挖掘出练习者的潜能，进而形成学生由"要我练""被动练"向"我要练""主动练"的转变，达到自觉、积极训练的效果。

4.2.4　加强损伤的预防及训练后的放松，是完成体能训练体系内容的保障，不可小视。

4.2.5　学生的营养要跟上，做到科学饮食，确保体能训练的正常进行

参考文献：

［1］沈志峰等．论军事体能训练基本原则［J］．军事体育进修学院学报，2006（2）：39－41．

［2］全国学生体质健康调研组，2005年全国学生体质与健康调研结果［J］．中国学校体育，2006（10）：4－7．

［3］曹超．公安院校学生身体素质现状与警体课程改革的研究［J］．体育学刊，2000（6）．

民航飞行大学生体能差异性训练方法的探究

——以滨州学院为例①

（发表于《运动》2016 年 5 月）

李金华　　宋佩双

（滨州学院体育系，山东 滨州 256603）

摘要：采用文献资料研究法、比较实验法、测试分析法、综合分析等方法，就民航飞行大学生体能差异性训练方法进行了实验研究，通过试验对比，飞行大学生体能训练中应根据学生体能状况不同训练方法也有所不同理念，进行教学训练，旨在为提高飞行大学生体能训练效果提供有价值的参考。

关键词：飞行大学生；体能；差异性

引言

体能训练是提高高校飞行大学生适航飞行体能的重要手段，是学生完成学业、飞行训练、年度体检、航空公司面试与录用的前提条件，也是从业后养成运动习惯，提高飞行质量、飞行安全，延长飞行寿命的重要保障。如何全面提高体能训练的效果，特别是提高所有学生的体能状况，培养出体能完全符合民航飞行要求的优质飞行员是高校值得研究的重要课题。就体能训练课而言，常规训练的目标对每一位学生的要求是一样的，但由于学生个体基础的差异，就会导致体能训练的效果存在很大差异，针对这一问题，本文重点对体能差异性训练方法进行了研究。

① 基金项目：2014 年国家教育部人文社科规划基金项目（体育科学类）（14YJA890006）

第 1 作者简介：李金华（1960.3），男（汉族），山东东营人副教授，主要从事航空体育与管理研究 Tel：（0543）3190903，E - mail：bz_ lijinhua@163.com

1 研究对象与方法

1.1 研究对象

以滨州学院飞行技术专业 2011—2014 级共计 404 名学生为研究对象。

1.2 研究方法

1.2.1 比较实验法

对 2011—2014 级学生进行两轮比较实验。2011、2013 级进行体能常规训练，2012、2014 级进行体能差异性训练，旨在分析出两种训练模式的不同之处及优越性分析。

1.2.2 访谈法

分别对 2011—2014 级飞行技术专业学生进行体能训练情况访谈。分别了解学生在体能训练中的体会、感受、对体能训练的需求及对体能训练效果的评价等。

1.2.3 测试分析法

对测试成绩包括总成绩、单项成绩进行汇总分析、对比研究。分析体能常规训练和体能差异性训练训练效果的优劣。

2 研究结果与分析

2.1 体能常规训练法及其特点

体能常规训练法是指对一个教学自然班的体能训练中，对每一个训练个体从训练内容、训练方法、训练过程、训练要求等没有任何差异。体能常规训练的特点是所有参训的学生均是相同的内容、相同的方法、相同的进度、相同的运动量。

2.2 体能差异性训练法及其特点

体能差异性训练法是指对一个教学自然班的体能训练中，对每一个训练个体从训练内容、训练过程、训练方法、训练要求等根据学生个体的体能差异情况采取区别对待的训练。体能差异性训练的特点是所有参训的人员可以内容大致相同，但训练方法、进度、运动量、强度等诸方面却不同。

2.3　体能常规训练的过程

体能常规训练的过程，是在老师的带领或指导下进行热身，然后进行训练内容的学习、练习，老师全程指导学生练习过程，并及时帮助学生改正错误动作，同时监督练习的全过程。例如：篮球往返运球投篮练习，老师分组让学生进行练习，由篮球场端线开始运球到对面投篮投中后运回投中结束。此过程中教师负责观察学生运球、投篮中存在的问题，然后进行个别或集体指导。从而完成该内容的训练。

2.4　体能差异性训练的过程

体能差异性训练的过程，是在教师的带领或指导下进行热身，然后根据学生的基础素质不同，进行针对性分组练习，素质好、技术方面有基础的为一组，素质较差、技术方面无基础的为一组，各自进行练习，素质好、技术方面有基础的练习一段时间后，可进行与此相关的更有难度的练习，基础较差的可在教师的指导下继续练习开始的内容，以达到动作熟练的要求。例如：篮球往返运球投篮练习，素质好、技术有基础的一组在教师指导下练习达到要求后，可进行半场 4 攻 4 或 3 攻 3 篮球比赛。素质较差、无运球投篮技术基础的一组可在教师的指导下继续进行往返运球投篮练习，以达到训练要求。通过实验测试成绩比较，12、14 级学生采用体能差异性训练效果，在技术评定、测试达标等方面均好于 11、13 级学生采用体能常规训练的效果。实验测试结果见表 1、2。

表 1　11 级和 12 级飞行技术专业学生相同学期（第二学期）体能测试成绩对比

级别	90 分及 90 分以上（％）	80 分—89 分（％）	70 分—79 分（％）	60 分—69 分（％）
11 级	10	27	46	17
12 级	17	38	37	8

表2　13级和14级飞行技术专业学生相同学期（第二学期）体能测试成绩对比

级别	90 分及 90 分以上 （%）	80 分—89 分 （%）	70 分—79 分 （%）	60 分—69 分 （%）
13 级	8	27	44	21
14 级	21	36	37	6

2.7　体能常规训练过程和体能差异性训练过程效果的对比与分析

从11、13级学生体能常规训练情况来看，学生的素质、技术基础存在不同，特别是技术性强的项目的训练表现突出，如篮球、排球、旋梯、固滚、单杠、双杠等。在这些技术性强项目的训练过程中，素质好、有技术基础的学生会表现出掌握动作快、练习积极性高。但练习时间稍长，这部分学生的练习积极性就会下降，表现出厌烦的情绪。而素质较差、无技术基础的学生会表现出掌握动作慢、练习积极性低，兴趣性不够浓厚等。从这些表现可以看出，采用体能常规训练的效果一般。

从12、14级学生体能差异性训练情况看，学生素质好、技术有基础的和学生素质较差、无技术基础的两部分学生在训练过程中均表现出练习积极性高，掌握动作技术快的特点。素质好、有基础的学生在掌握练习动作后，并达到一定熟练性时，可以进行该项目的后续内容，如篮球运球投篮练习，掌握后可进行半场篮球赛，学生始终保持较高的练习积极性。而素质较差、无技术基础的学生会在老师的指导下认真练习，在较多的练习时间内掌握练习内容，同样完成体能训练任务。从课堂学生练习积极性和表现均反映出体能差异性训练的效果是良好的。

从11、13级和12、14级学生的对比训练分析显示，12、14级的训练过程要远远好与11、13级的训练过程。显然，体能差异性训练效果要大大好于体能常规训练的效果。

3　结论与建议

3.1　结论

3.1.1　体能差异性训练是视学生体能基础状况的不同在训练中有针对性进行的，符合当代教育、教学、训练原理。从训练过程、对比实验等方法中可以认定，体能差异性训练的教学效果优异。

3.1.2　体能差异性训练可以很好的解决训练中学生"饥"与"饱"的问题。素质好的学生往往有饥饿的感觉，对训练内容掌握快，消化快，需要新的内容。素质差的学生往往有饱的感觉，对训练内容掌握慢，消化慢，需要时间。体能差异性训练可以满足这两方面学生的需求。

3.1.3　体能差异性训练主要适用于运动技术性强和航空体育专项器械（旋梯、滚轮）项目的训练。在技术性强的项目训练中，学生的素质差异会较大，体能差异性训练可使每一个学生都有满意的收获。

3.2　建议

3.2.1　体能差异性训练要根据训练项目的特点而采用。技术性强的项目或训练项目差距较大时可采用体能差异性训练，技术性不是太强等的项目仍然可以采用体能常规训练法。

3.2.2　体能差异性训练中要处理好素质好与素质差及素质中间的学生的关系，三方面情况的学生在训练中都要兼顾，但要有重点，完成训练任务为前提。在体能差异性训练中，教师备课要更加充分，训练方法、训练手段要有很强的针对性，区别对待要做好，同时要注意语言的运用，充分调动所有学生的训练积极性，让每一个学生都能感到教师是为自己体能的提高在努力，尽量避免因差异分组而导致学生挫伤参与训练的积极性。

3.2.3　要充分调动素质好的学生的积极性，可以组成"一帮一、结对子"互助小组，帮助素质差的学生完成训练内容，同时增强学生之间团结、协作、互助、共赢的优良品质，塑造良好的团队意识。

参考文献：

［1］沈志峰等．论军事体能训练基本原则［J］．军事体育进修学院学报，2006（2）：39－41．

［2］全国学生体质健康调研组，2005年全国学生体质与健康调研结果［J］．中国学校体育，2006（10）：4－7．

［3］曹超．公安院校学生身体素质现状与警体课程改革的研究［J］．体育学刊，2000（6）．

国家教育部 2014 年人文社科研究课题

我国民航飞行大学生身心智和谐发展航空体育课程体系构建研究问卷调查

调查对象：　　　　　　　　　调查日期：

姓　　名：　　　　　　　　　毕业院校：

同学，你好！航空体育课程是民航飞行大学生的必修课程，为了解飞行学员对航空体育课程的认识、理解、参与及航空体育对飞行学员身体的重要性，为航空体育课程设置，教学大纲的制定提供参考，特征求你的意见和建议，请在你选定的评价结果等级中打"√"，你们的回答、意见和建议对我们很重要，谢谢你的合作与支持！

1. 在考取民航飞行大学生之前，你对航空体育课程了解吗？

很了解（　　）　基本了解（　　）　不了解（　　）

2. 你是通过哪种渠道了解航空体育的？

网络（　　）　书籍（　　）同学介绍（　　）　体育老师（　　）

3. 从中学到大学你接触过航空体育器械吗？

接触过（　　）见过但没练习（　　）　没见过（　　）

4. 航空体育课对发展飞行学员身体素质有帮助吗？

帮助很大（　　）　帮助不大（　　）　没帮助（　　）

5. 你认为航空体育课对改善飞行学员身体机能有所帮助吗？

帮助很大（　　）　帮助不大（　　）　没帮助（　　）

6. 你认为航空体育对飞行学员从职后运动习惯养成有帮助吗？

帮助很大（　　）　帮助不大（　　）　没帮助（　　）

7. 你喜欢航空体育课吗？

很喜欢（　　）　一般（　　）　不喜欢（　　）

8. 你认为航空体育练习对飞行学员重要吗？

很重要（　　） 不太重要（　　　） 不重要（　　　）

9. 你参加航空体育锻炼的动力来源于？

身体需求（　　） 职业需求（　　　） 兴趣爱好（　　　）

10. 航空体育课上，你的练习情绪高涨吗？

非常高涨（　　） 一般（　　） 没情绪（　　　）

11. 你在初次练习航空体育专项器械（滚轮、旋梯）时有恐惧感吗？

非常害怕（　　） 一般（　　） 不害怕（　　　）

12. 你认为从事航空专项体育（滚轮、旋梯）练习危险大吗？

非常大（　　） 有危险（　　　） 没危险（　　　）

13. 你对完成航空体育（滚轮、旋梯）考核达标有信心吗？

信心大（　　） 一般（　　） 没信心（　　　）

14. 你认为航空体育专项练习（滚轮、旋梯）对将来从事飞行训练有帮助吗？

帮助很大（　　） 一般（　　） 没帮助（　　　）

15. 你对目前我校航空体育课程项目设置满意吗？

非常满意（　　） 一般（　　） 不满意（　　　）

16. 你认为航空体育开设的项目合理吗？

非常合理（　　） 比较合理（　　　） 不合理（　　　）

17. 你认为航空体育所开设的项目对民航飞行学员针对性强吗？

针对性强（　　） 针对性较强（　　　） 无针对性（　　　）

18. 你认为教师在航空体育教学中重视学生身体的发展吗？

高度重视（　　） 较重视（　　） 不重视（　　　）

19. 教师在航空体育教学过程中是否重视专项器械练习？

高度重视（　　） 较重视（　　） 不重视（　　　）

20. 通过实践，从发展的眼光看，你认为每周安排几次航空体育课较为合理？

3次（　　） 2次（　　　） 1次（　　　）